2012 年 7 月，浙江省农业技术推广基金会组织专家进行项目中期现场检查。

2014 年 7 月 24 日，“嘉兴北部低洼田种养结合模式构建及其机理研究”通过浙江省农业技术推广基金会组织的专家验收，图为专家组现场考察。

2013 年 11 月，浙江省农业技术推广基金会肖东荪副会长、嘉兴市农业技术推广基金会蒋唯民会长和秀洲区农业技术推广基金会周志明会长等领导，到北部湾湿地农业公司试验现场检查指导。

2011 年 6 月，浙江省农业技术推广基金会章猛进会长在时任嘉兴市人民政府陈越强副市长、秀洲区时任区委书记祝亚伟等陪同下视察王江泾镇低洼田湿地农业种养结合试验区。

2011 年 7 月，浙江省农业技术推广基金会原会长许行贯在嘉兴听取秀洲区湿地农业发展情况汇报。

2013 年 8 月 28 日，时任中国科协副主席陈章良在时任秀洲区区委书记朱海平陪同下，实地考察北部湾湿地农业生态科技有限公司藕鱼种养结合示范基地，陈章良对示范基地的工作给予了充分肯定。

2016 年 3 月 18 日，浙江省海洋渔业局局长黄志平在时任嘉兴市人民政府市长林健东陪同下，考察调研秀洲区王江泾镇湿地农业种养结合发展情况。

2017 年 7 月 29 日，通过低洼田湿地农业发展，嘉兴市秀洲区王江泾镇举办首届荷花节，图为首届荷花节开幕式启动仪式。

低洼田湿地农业

种养结合模式农作制度创新

程旺大　倪龙凤　主编

中国农业科学技术出版社

图书在版编目(CIP)数据

低洼田湿地农业种养结合模式农作制度创新 / 程旺大，倪龙凤主编. -- 北京 ： 中国农业科学技术出版社，2018.6

ISBN 978-7-5116-3696-6

Ⅰ. ①低… Ⅱ. ①程… ②倪… Ⅲ. ①沼泽化地-农业模式-研究 Ⅳ. ①F30

中国版本图书馆 CIP 数据核字(2018)第 106373 号

责任编辑 闫庆健
文字加工 段道怀
责任校对 马广洋
出 版 者 中国农业科学技术出版社
北京市中关村南大街 12 号 邮编:100081
电　　话 (010)82106632(编辑部) (010)82109702(发行部)
(010)82109709(读者服务部)
传　　真 (010)82106625
网　　址 http://www.castp.cn
经 销 者 各地新华书店
印 刷 者 北京富泰印刷有限责任公司
开　　本 710mm×1000mm 1/16
印　　张 9.75 彩插 4 面
字　　数 158 千字
版　　次 2018 年 6 月第 1 版 2018 年 6 月第 1 次印刷
定　　价 58.00 元

《低洼田湿地农业种养结合模式农作制度创新》

编纂领导小组

顾　问　杜云昌（嘉兴市农业技术推广基金会名誉会长）

蒋唯民（嘉兴市农业技术推广基金会会长）

赵树梅（中共嘉兴市委常委、统战部部长）

洪湖鹏（嘉兴市人民政府副市长）

周志明（嘉兴市秀洲区农业技术推广基金会会长）

葛永元（中共嘉兴市委副秘书长、市农办主任、市农经局局长）

陆志芬（嘉兴市文化广电新闻出版局副局长）

郭腾辉（中共嘉兴市秀洲区委常委、副区长）

沈顺华（嘉兴市秀洲区人民政府副区长）

高寅华（嘉兴市农业技术推广基金会副会长）

杨治明（原嘉兴市农业技术推广基金会技术顾问）

《低洼田湿地农业种养结合模式农作制度创新》

编　委　会

序

当今世界，人类正面临诸多挑战，各国正积极探索各种经济发展的新途径、新模式。有机农业、生态农业、循环农业、低碳农业等体现生态循环经济理念的新兴农业形态正在全球逐步兴起，成为引领世界农业发展的新趋势。我国正处在传统农业向现代农业转型的关键时期。2015 年，党的十八届五中全会提出创新、协调、绿色、开放、共享的新发展理念，明确指出要“推动粮经饲统筹、农林牧渔结合、种养加一体、一二三产业融合发展，走产出高效、产品安全、资源节约、环境友好的农业现代化道路”。党的十九大明确，必须树立和践行绿水青山就是金山银山的理念，部署了乡村振兴战略，其中重要内容之一就是农业绿色发展。

生态循环农业是一种以资源的高效利用和循环利用为核心，以减量化、再利用、再循环为原则，以低消耗、低排放、高效率为基本特征，符合循环经济理念和可持续发展思想，满足建设节约型社会和环境友好型社会要求的现代农业增长方式。生态循环农业是农业发展方式的重大革新，它注重农业生产环境的改善和农田生物多样性的保护，并将其作为农业持续稳定发展的基础；提倡农业产业化经营，实施农业清洁生产和绿色消费，从而使农业生产和消费对环境的不良影响减至最低；利用高新技术优化农业系统结构，实现资源利用最大化；通过要素耦合方式与相关产业协同发展，实现产业链的延伸和资源的节约。

近年来，我国对发展生态循环农业作了积极探索，取得了辉煌成就。农业部会同有关部门先后印发了《全国农业可持续发展规划（2015—2030

年)》《农业环境突出问题治理总体规划（2014—2018年)》，同时，出台了《关于打好农业面源污染防治攻坚战的实施意见》，对发展生态循环农业进行全面部署。

《低洼田湿地农业种养结合模式农作制度创新》一书以浙江省嘉兴市秀洲区的实践和浙江省农业技术推广基金会、浙江省科技厅、嘉兴市科技局立项的“浙北低洼田湿地农业种养结合模式创新与机理研究”等科研项目研究结果为基础，内容涵盖了种养结合模式的生态效应、操作规程以及产业规划等方面。本书既注重实用性，又突出一定的学术性，可以作为农业部门管理者、基层农业科技推广人员、农业创业者和从业者的参考书，对推进我国生态循环农业发展和乡村振兴战略实施必将起积极作用。

中国科学院城市环境研究所所长、研究员 朱永官

2018年4月18日

前言

我国农业发展正处在由传统农业向现代农业的转型时期。党的“十九大”部署了乡村振兴战略，提出了“产业兴旺、生态宜居、乡风文明、治理有效、生活富裕”的总要求。2018年中央、浙江省委和嘉兴市委农村工作会议都明确要求，以农业供给侧结构性改革为主线，大力推进质量兴农、绿色兴农、科技兴农。

嘉兴是“红船精神”的发源地，是城乡一体化发展的先行之地，实现乡村振兴具有良好基础。中共嘉兴市委、市政府历来高度重视生态循环农业和农业绿色发展。近些年来，全市已形成了一大批生态循环农业的创新做法、典型模式，有力地推动了农业发展方式转变和美丽乡村建设。

嘉兴市北部地区地势低洼，农业发展往往受涝渍灾害所制约。2009年以来，在中共嘉兴市委、市政府及中共嘉兴市秀洲区委、区政府等的高度重视下，当地积极创新农作制度，进行低洼田综合种养模式的探索，取得了一定成效。但对于低洼田综合种养，国内外缺乏可供借鉴的成熟经验、模式。对于其中的一些技术关键，如种养结合对生态环境和农产品质量安全的影响、种养结合的品种选择及其配套技术优化等尚需研究明确。从2011年开始，在浙江省农业技术推广基金会、浙江省科技厅、嘉兴市科技局等的立项资助下，浙江省嘉兴市农业科学研究院（所）与嘉兴市农业技术推广基金会、嘉兴市秀洲区农业技术推广基金会、嘉兴市秀洲区农业经济局以及嘉兴市秀洲区王江泾镇、新塍镇、油车港镇等合作，对嘉兴北部低洼田湿地农业种养结合模式构建及其生态效益等进行了深入研究，大面积示范推广成效明显，走出了一条具有嘉兴特色的产业兴旺和美丽乡村建设共同推进的成功之路。

为更好助推乡村振兴战略实施，更好、更快地推广低洼田综合种养模式和配套技术，在科研项目研究成果和生产示范推广经验的基础上，浙江省嘉兴市农业科学研究院（所）和嘉兴市秀洲区农业技术推广基金会牵头，与嘉兴市秀洲区农业经济局、嘉兴市种植技术推广总站以及嘉兴市秀洲区王江泾镇、新塍镇、油车港镇人民政府等合作，组织长期从事生态循环农业研究与推广等方面的40多位专家学者，共同编写了《低洼田湿地农业种养结合模式农作制度创新》一书，系统介绍了嘉兴北部创新农作制度、发展低洼田湿地农业种养模式的成功经验。

本书编写过程中，得到了中共嘉兴市委、市政府和中共嘉兴市秀洲区委、区政府以及嘉兴市农业和农村工作办公室（农业经济局）、嘉兴市农业技术推广基金会有关领导的大力支持，许多领导对本书内容提出了修改意见和建议。感谢浙江大学农业与生物技术学院寿森炎教授和中国农业科学院农业资源与农业区划研究所陈世宝研究员对本书进行的认真审阅和修改。特别感谢中国科学院城市环境研究所所长、研究员朱永官先生为本书作序。尤其感谢中共嘉兴市委副书记、农工委书记孙贤龙先生专门致信，对本书提出了宝贵的意见和建议，并希望我们以此书的出版为新的起点，更好地发挥职能优势和技术优势，多出实践研究成果，为嘉兴打造乡村振兴示范地作出更大贡献。在此，向各位领导和专家表示衷心的感谢和崇高的敬意！

由于编者水平所限，书中难免有不妥之处，敬请广大读者提出宝贵意见。

编　者

2018年4月

中共嘉兴市委副书记、农工委书记孙贤龙致浙江省嘉兴市农科院的一封信

市农科院并旺大院长：

你们送给我的《低洼田湿地农业种养结合模式农作制度创新》一书的样稿已经收到，我仔细翻阅了一遍。看到你们与秀洲区农业技术推广基金会共同开展的课题，经过多年的实践和研究，终于取得丰硕成果，大面积推广成效明显，研究著作即将正式出版，我由衷地感到高兴。党的十九大提出的乡村振兴战略，是新时代“三农”工作的总抓手，你们开展的研究，对于实施乡村振兴战略，具有非常重要的研究价值和现实意义。

推广低洼田湿地种养结合模式，是建设美丽乡村、实现生态宜居的有效途径。美丽乡村是美丽中国的重要组成部分，是乡村振兴的底色。平原地区的美丽乡村不等于平淡，平原地区照样可以打造美丽乡村的“高地”。美丽田园是嘉兴美丽乡村的底色，低洼田湿地本身就是一道独特的、靓丽的美丽乡村风景线，开发好、利用好低洼田湿地，将会使这道风景线更加靓丽。

推广低洼田湿地种养结合模式，是实现“生产生活生态”相融合的有效途径。习近平总书记指出，人与自然是生命共同体，人类必须尊重自然、顺应自然、保护自然。湿地是全球公认价值最高的生态系统，但一直以来，嘉兴北部的低洼田湿地由于地势较低、排水不畅，受洪涝灾害的影响较为明显，生产功能较弱。低洼田的开发促进了农业基础设施建设，改善了农业生产基本条件，丰富发展了低洼田湿地循环农业发展模式，通过实践探索取得了较

好的成效，实现了生产发展、生活富裕、生态良好有机融合。

推广低洼田湿地种养结合模式，是化劣势为优势，实现功能价值提升的有效途径。低洼田湿地的综合开发利用，可以有效发挥低洼田湿地的生产功能、旅游功能、生态功能，提升经济效益、社会效益和生态效益，更好地实现乡村的生产价值、生态价值、文化价值、社会价值和生活价值，为乡村振兴打下坚实基础。

这本书的出版，凝聚了一大批长期从事生态循环农业发展研究的专家、技术人员多年的心血。书中融合了近年来低洼田湿地种养结合型生态循环农业发展的宝贵经验和成熟的技术模式，既注重实用性，又突出一定的学术性，图文并茂，通俗易懂，既可以作为基层农业科技推广人员的参考书，也可以作为农业创业者和从业者的学习辅导用书，是推进现代生态循环农业的重要成果，对于推进全市乃至全国相似地区现代生态循环农业发展和乡村振兴战略实施具有重要意义。希望你们以此书的出版为新的起点，更好地发挥职能优势和技术优势，多出实践研究成果，为我市打造乡村振兴示范地作出新的更大贡献。

孙景龙

2018.4.20.

目　录

第一章 国内外低洼田环境改良与开发利用现状

第一节 我国湿地农业发展概况

一、农业湿地概述

湿地（Wetlands）是水陆相互作用形成的独特生态系统。目前，对于湿地的定义有不同的认识，主要是由于湿地和水域、陆地之间没有明显边界，它的成因和类型也不同，加上人们认识上的差异以及不同学科对湿地的研究重点不同，因而对湿地的定义存在分歧。按照国际湿地公约（Ramsar 公约）中的定义："湿地是指不问其为天然或人工、长久或暂时性的沼泽地、泥炭地、水域地带，静止或流动的淡水、半咸水、咸水，包括低潮时水深不超过 6m 的海水水域"。

湿地是自然界最富生物多样性的生态景观和人类最重要的生存环境之一，具有调节气候、涵养水源、防止土壤侵蚀和降解污染物等多种功能，在维持自然生态平衡中发挥着不可替代的作用，同时湿地还是众多野生动植物、特别是许多珍稀濒危水禽赖以生存和繁衍的场所（Wilen 等，1995；陈宜瑜，1995；吕宪国等，1998；殷康前，1998；何池全等，2000；Mitsch，2000；Keddy，2000；余国营，2001；杨永兴，2002；吕宪国，2008）。因此，湿地也被誉为"地球之肾""生命的摇篮""文明的发源地"和"物种的基因库"，在世界自然保护大纲中，湿地与森林、海洋一起并列为全球三大生态系统。

湿地是全球价值最高的生态系统。据联合国环境署 2002 年的权威研究数据表明，一公顷湿地生态系统每年创造的价值高达 1.4 万美元，是热带雨林的 7 倍，是农田生态系统的 160 倍。健康的湿地生态系统，是国家生态安全体系的重要组成部分和经济社会可持续发展的重要基础。1971 年 2 月 2 日，来自 18 个国家的代表在伊朗南部海滨小城拉姆萨尔签署了《关于特别是作为水禽栖息地的国际重要湿地公约》。为了纪念这一创举，并提高公众的湿地保护意识，1996 年《湿地公约》常务委员会第 19 次会议决定，从 1997 年起，将每年的 2 月 2 日定为世界湿地日。我国于 1992 年加入《拉姆萨尔公约》。因此，保护湿地，对于维护生态平衡，改善生态状况，实现人与自然和谐，促进经济社会可持续发展，具有十分重要的意义。

作为湿地重要组成部分，在天然湿地基础上改造成以稻田、苇塘、鱼塘、小型水库为主体的农、林、牧、副、渔综合发展的农业湿地生态系统，其中蕴涵着丰富的资源，在经济和社会发展中发挥着巨大的生态、经济、社会功能和效益。

（一） 生物资源

（1）野生植物资源。我国农业湿地野生植物资源十分丰富，有野生稻、野菱等大量的农业野生植物。据调查统计，我国农业湿地中高等植物有 225 科 815 属 2 276 种（及变种），其中苔藓植物 64 科 139 属 267 种；蕨类植物 27 科 42 属 70 种；裸子植物 4 科 9 属 20 种；被子植物 130 科 625 属 1 919 种。按经济用途划分，有食用植物、药用植物、饲料植物、芳香植物、纤维植物和观赏植物等。这些野生植物是我国乃至世界上植物品种改良的重要种质资源，具有很高的保护价值和农业利用价值。

（2）野生动物资源。我国是湿地水生生物多样性最丰富的国家之一。据统计，我国水生动物近 20 000 种，其中，海洋水生动物 16 200 种，淡水水生动物 3 300 余种。在 20 000 种水生动物中，鱼类 3 000 多种，两栖爬行类 300 多种，水生哺乳类 40 多种，其中，有经济意义的特产鱼类占很大的数量。2009 年全国水产品总产量 5 116.40 万 t，其中，养殖水产品产量 3 621.68 万 t，捕捞水产品产量 1 397 万 t。

许多农业湿地都是珍稀濒危水生野生动物的栖息地和候鸟南北迁徙的重要停歇地，也是世界湿地水鸟的重要繁殖地和重要越冬地。这些湿地中分布有国家一级重点保护水生野生动物近 13 种（类），二级重点保护水生野生动物 60 多种（类），据《中国湿地水鸟》统计，中国分布有湿地水鸟 257 种，其中属于国家一级重点保护的野生鸟类有 10 种，国家二级重点保护的有 42 种；有世界受胁物种 42 种，有些是受世界关注的珍稀濒危种类，如朱鹮、黑颈鹤、黑嘴端凤头燕鸥、黑脸琵鹭等。

（二）非生物资源

（1）水资源。农业湿地是重要的蓄水产水区。雨水进入湿地，大部分直接进入水体或潮湿的地表，转化为地表水，其单位面积产水量约为陆地平均产水量的 1.5 倍。农业湿地是一类单位面积产水量最高的土地类型之一。

(2) 农地储备资源。湿地通常具有较丰富的水源和较肥沃的土壤，是可供耕作开发的优质潜在土地资源。现有的自然湿地中，仍有一些边角土地和在它们周围已垦区域中的间隙土地可供开发，是重要的农业土地战略储备资源。

(3) 旅游资源。农业湿地地势平坦，交通方便，景观类型丰富，良好的生态服务功能与优美雅静的湿地环境是人们休闲、娱乐、观光的理想场所，为湿地农业观光、生态旅游、垂钓、娱乐、体验、农家乐等旅游项目的开发提供了丰富的旅游资源。

(4) 文化资源。悠久的农耕历史和社会变迁，为中国农业湿地积淀了丰厚的农业湿地文化。农业湿地文化资源十分丰富，包括稻耕文化、渔文化、民俗文化、饮食文化等，既是祖先给我们留下的宝贵财富，又是当代重要的旅游资源。

由于具有发展农业生产的天然优越条件，几千年来，湿地一直是我国农业开发的重点区域之一，直至近几十年来，湿地仍是我国农业开发的主要对象。全国大约 60%以上的粮食、经济作物产品和畜产品以及 80%以上的淡水鱼和蚕茧均是由农业湿地生态系统生产的（刘红梅等，2010，闫志利，2013）。2014 年 2 月 2 日第 18 个世界湿地日主题即为“湿地与农业”，宣传口号则是“湿地与农业：共同成长的伙伴”。目的就是突出“湿地农业可持续发展”这一主旨，着重强调湿地与农业相互依存的关系，以及湿地对农业所起到的重要作用。

二、我国湿地农业可持续发展面临的主要问题

(一) 湿地农业的发展存在着严重的生态环境变化问题

长期以来，我国由于对湿地缺乏较完整的科学认识，对湿地及其生物资源主要看重其可直接利用的经济价值而忽视了生态系统和人文功能价值，过分偏重对湿地的开发利用而轻视保护，致使湿地生态系统受到不同程度的破坏，生态环境恶化。主要表现为：

(1) 由于人们对湿地生态地位认识不够，湿地长期被视为荒地，在历次土地利用结构调整中首当其冲的被大量围垦、破坏。据不完全统计，40 年来我国沿海地区累计丧失滨海滩涂湿地面积约 119 万 hm^2，加上城乡工矿占用湿地约 100 万 hm^2，两项相当于沿海湿地总面积的 50%。全国湖泊围垦面积累

计达130万hm^2以上，由于围垦湖泊而失去调蓄容积350亿m^3以上，超过了我国现今五大淡水湖面积之和，因围垦而消亡的天然湖泊近1 000个。号称千湖之省的湖北，湖泊面积由原来的83万hm^2减至目前的24万hm^2（刘权等，2004；熊飞，2009；王海芳，2009）。

（2）随着工农业生产的发展和城市建设的扩大，大量未经处理的“三废”直接向湿地排放，这些有害污染物不仅对生物多样性造成严重危害，对地表水、地下水及土壤环境造成严重污染，致使湿地净化水质功能降低，水质变坏，尤其是依赖江河、湖泊供水的大中城镇受害更为严重。同时，大量工业废水、生活污水的排放，导致湿地水体富营养化，使浮游生物的种类单一，甚至出现藻类爆发性增殖，整体生态恶化。湿地生态环境的恶化，又导致湿地动植物生态环境的改变和破坏，使越来越多的物种，特别是珍稀生物失去生存空间，濒危甚至灭绝。据调查，我国进行水质监测的湖泊中有一半以上水质不达标，国家重点治理的“三湖”，即太湖、滇池、巢湖三大湖，氮、磷等有机肥料污染严重，除少部分面积外，三湖绝大多数处于中度富营养状态（刘昌明，2009）

（3）对生物资源的过度利用，使农业湿地生态失去平衡。一些重要的经济海区和湖泊，滥渔滥捕的现象十分严重，不仅使重要的天然经济鱼类资源受到很大的破坏，而且也严重影响着这些湿地的生态平衡，威胁着其他水生物种的安全。许多海域的经济鱼类种类日趋单一、种群结构低龄化、小型化。在内陆湿地生态系统中，生物多样性同样受到严重威胁。如白鳍豚、中华鲟、白鲟、江豚已成为濒危物种，长江鲟鱼、鲥鱼、银鱼等经济鱼种种群数量已变得十分稀少；湿地水禽由于过度猎捕、捡拾鸟蛋等导致种群数量大幅度下降（瞿莹华，2007）。

（4）湿地作为工农业和居民生活等的主要水源地，过度和不合理的用水也使湿地水资源受到重大影响。因过度开采地下水，素有“坝上明珠”之称的华北第一大高原内陆湖泊——张北县境内的安固里淖，于2004年秋天大部分干涸，6 670 hm^2的水域变成了盐碱地（张泊等，2006）。另外随着上游地区的水资源开发强度快速增长，上游来水持续减少，导致中下游地区的湿地严重退化。白洋淀和辽河三角洲湿地的退化就是两个典型的例子（严登华，2008）。

（5）外来物种的入侵，对农业湿地生态系统生物多样性以及生态系统的稳定性构成了严重的威胁。例如云南省第二大高原湖泊洱海，曾是云南省鱼类资源最为丰富的地区之一，历史时期其土著种资源可高达17种，但现今土著种已经递减为8种，而外来入侵种则已高达18种（杜宝汉等，2001；何彦敏等，2010）。另外，我国不少江河湖泊连年爆发水葫芦、水花生疯长灾害，严重侵占、排挤野生菱角、野生水稻生境，造成野生生物资源濒危。

（二）湿地农业研究较为薄弱

我国的农业湿地区域主要包括长江中游的两湖平原、长江下游的太湖平原、珠江三角洲地区等，这些地区光照充足、雨量充沛、地势平坦、土层深厚，农业自然条件优越，多为我国农业商品生产基地，农业相对发达。因此，在这些地区发展农业生产，有别于干旱半干旱农业以及山地、丘岗农业，具有一定特殊性。此外，我国人口众多，粮食安全压力巨大，农业发展又相对落后，如要求将现有农业湿地区域全部退还到自然湿地状态将是不可想象的。在这些地区往往自然湿地与人工湿地并存，农业资源丰富而利用矛盾突出，单位面积生产潜力高但灾害严重。因此，在这些地区发展合理的农业必须研究和解决一系列问题，包括涝渍灾害特征及其演变、涝渍地地貌特征与微地域的分异特征、涝渍地土壤肥力特征、涝渍胁迫下作物生长的生理生化特征与遗传进化特征、湿地生物资源的评价等基础性研究以及农业湿地资源的合理利用技术、湿地保护能力建设、退化湿地生态恢复、湿地污染控制、生物多样性保护研究以及湿地监测与信息技术等关键技术的研究。

目前，我国针对湿地农业的科学研究仍较为薄弱，尚处于初步阶段。一是湿地及农业湿地缺乏完整的科学理论，对湿地保护与开发利用尚未能全面科学地进行规划与论证；二是对湿地的保护与利用缺乏管理机构与法制规范，管理人员缺乏足够的专业知识，湿地生态环境监测网络还未建立等；三是湿地农业科学研究水平低，亟须向深度与广度发展，目前湿地保护与开发利用缺少系统的科学理论指导与切实的重大适用技术的支撑。

2017年10月18日，中国共产党第十九次全国代表大会在北京隆重召开，习近平总书记代表第十八届中央委员会向大会作的报告中指出，要坚持人与自然和谐共生。建设生态文明是中华民族永续发展的千年大计。必须树立和践行“绿水青山就是金山银山”的理念，坚持节约资源和保护环境的基本国策，像对待生命一样对待生态环境，统筹山水林田湖草系统治理，实行最严格的生态环境保护制度，形成绿色发展方式和生活方式，坚定走生产发展、生活富裕、生态良好的文明发展道路，建设美丽中国，为人民创造良好生产生活环境，为全球生态安全作出贡献。报告指出，人与自然是生命共同体，人类必须尊重自然、顺应自然、保护自然。人类只有遵循自然规律才能有效防止在开发利用自然上走弯路，人类对大自然的伤害最终会伤及人类自身，这是无法抗拒的规律。我们要建设的现代化是人与自然和谐共生的现代化，既要创造更多物质财富和精神财富以满足人民日益增长的美好生活需要，也要提供更多优质生态产品以满足人民日益增长的优美生态环境需要。必须坚持节约优先、保护优先、自然恢复为主的方针，形成节约资源和保护环境的空间格局、产业结构、生产方式、生活方式，还自然以宁静、和谐、美丽。党的十九大就我国“三农”发展首次部署了乡村振兴战略，提出了乡村振兴的总要求“产业兴旺、生态宜居、乡风文明、治理有效、生活富裕”。

我们深入学习贯彻党的十九大精神，就必须要进一步加大对农业湿地的研究，努力实现农业湿地生态系统的保护和生态可持续利用。

第二节　低洼田湿地生态系统特点及综合开发利用研究

一、概述

低洼田通常地势低，地下水位高，是一种重要的农业湿地类型，但常因排水不畅造成常年渍水或季节性积水，排水排渍费用高，种植成本及风险都较大，农民种植积极性不高，土地利用率和生产率往往较低（何帮映，1998；尹树美，2009）。

低洼田类型较多，特征和成因也不尽相同，但均受自然因素和社会因素的共同影响，主要与当地的地形、气候、水文以及人类活动等条件相关。我国低洼田资源主要分布在北方地区的三江平原和松嫩平原、辽河中下游平原、黄淮海平原以及南方地区的沿江平原圩区、滨湖地区临海地区、长江中下游低洼圩区、珠江三角洲等地。涝渍灾害是威胁低洼田农业生产的主要因素之一，如何合理利用洼田农业资源，优化农业结构，推进农业供给侧结构性革，变对抗性农业为适应性农业，已成为促进低洼田合理利用、生态保护、农民增收三者有机统一的当务之急。

二、低洼田环境改良与开发利用研究进展

（一）国外低洼田环境改良与开发利用

国外对于低洼田的研究主要集中在低洼涝渍地的治理以及对低洼田适度

的保护和综合开发利用上。世界各国围绕各自特有的地区资源特点相继开展了各具特色的区域开发，其中尤以美国、日本、加拿大、荷兰等国报道较多。大型的低洼田农业区域开发始于20世纪30年代的美国田纳西流域的综合开发。日本对于低洼田农业区域的开发，系统性最强、特色最鲜明，其突出的特点有两个：一是将区域农业开发作为一种事业来执行，从农田整备、农业整备到农村整备渐进式完成；二是典型区域的工程改良及其后的运作管理以一个独特的形式——土地改良区的形式进行管理。以上两者在实际执行过程中交互影响，互补完成，使日本包括低湿地治理在内的土地整治与农业开发能够高标准完成。

各国对于低洼田改良利用研究工作的特点概括起来有以下5方面。一是以问题为导向确定整治开发目标。如20世纪30年代，美国的田纳西开发是为了解决田纳西流域洪水危害，80年代泰国的低洼田开发是为了解决286个县贫困集中连片地区的农民的温饱问题，日本最早的围海造田也是为了解决当时的粮食危机。二是将发挥农村多重功能、保护资源、以致富当地农民、农村、确保农业可持续发展等作为重要目标。三是开发资金投入，以政府投资为主，同时积极开拓其他投资渠道。四是以工程建设与基地建设为优先项目。五是为低洼田开发专门立法和建立特别组织领导体系。

低洼田的开发促进了农业基础设施建设，改善了农业生产基本条件，提高了农业生产率，所产生的综合效益十分明显。低洼田的综合开发还提高了农产品的自给能力，增强了农产品的国际竞争能力，创造了更多的就业机会，提高了农民的收入，有效地改善了生态环境和农民的生活环境。

（二）我国低洼田的综合治理与开发利用

20世纪50年代以来，我国低洼田开发主要以各大流域不同规模的水利设施建设与大规模围湖造田的形式进行。在全国农业资源调查与综合区划工作之后，我国结合多次农业综合开发和商品粮基地建设，先后布置了多个区域的综合开发试点，但能形成规模的成功典型并不多见。其中，对黄淮海平原低洼盐碱地的综合开发成绩比较突出。该项目科学地阐明了复杂的水盐运动现象和旱涝盐碱互为因果性的复杂关系，提出了旱涝盐碱治理的指导原则和基本途径。该研究针对黄淮海平源中低产地区代表性类型区，建立了12个综合治理与农业开发试验区，提出了12种各具特点的综合治理样板，为该区中低产田改造、综合治理与农业开发探索出了行之有效的途径，并在试验基础上提出了一大批以农田工程技术为主体，含生物、农业和生态治理技术于一体的低洼田综合治理技术（辛德惠，1990）。

沿淮低洼田区针对农业生产模式创新及农业结构调整进行了大量探索，当地政府及农业主管部门也出台了一系列具有针对性的政策措施加以引导，农业科技工作者也针对该问题开展了不少的研究。赵熙玲从沿淮低洼田区特殊的的地理位置，提出发展沿淮特色农业，并从统筹规划部署、加大政策支持、突出特色经济，提高规模效益、引导村企对接，推进产业化经营、推动质量生产，创立特色品牌、培育市场主体，提高组织化程度、优化种养结构，发展生态农业等6个方面提出具体的措施（赵熙玲，2008）。李宗尧等从沿淮低洼田区治理的角度对低洼田区的农业结构模式存在的问题加以论述，他们认为沿淮及支流沿岸易涝地区的耕作方式基本上还是沿袭传统的种植模式。沿淮低洼田未能根据易涝的特点来安排生产，广种薄收，耕作粗放。部分河道湖洼田存在过度围垦现象，群众为了耕作、养殖等需要，自行筑堤，既缩减了湖泊洼田调蓄洪水的能力，又增加了防汛压力（李宗尧，2009）。杨普等提出发展沿淮低洼农产品加工业，分析了沿淮农产品加工的现状、存在的问题，并从几个方面提出沿淮发展农产品加工的对策，加强技术创新，注重新产品开发和建立农产品精深加工产业化基地是沿淮低洼地区发展农产品加工业的关键，并从政策的角度提出了一些合理化的建议（杨普等，2008）。2003年，安徽省农委围绕农业可持续发展，进行了淮河流域农业结构调整的研究，从较大的范围和较高的层次对该地区的农业发展问题进行了有益的探讨。

（三）低洼田的生态恢复与开发利用的可能途径

总结国内外低洼田的生态保护与开发利用经验，其主要改良途径可概括为：

1. 工程排水与农田水利设施建设相结合去涝治渍

低洼田开展农业生产关键就是要克服涝害、渍害。涝害可以直接破坏和抑制作物正常生长，而渍害表现为长期高地下水位，从而抑制和影响作物的正常代谢。低洼田的改良，首先要求在冬季能排除积水，降低地下水位以增加土壤通透性，降低土壤的还原物质，促进潜在养分的释放。开沟排水，建立完备的排灌网络即是达到此目的的有效举措之一（程云生，1983；宁振亚等，1988；王国峰等，1991；李振华等，1996）。但排水又是一个系统，在排水规划时首先必须要考虑排水成本与作物效益之间的平衡。不同作物或同一作物的不同生育时期对涝渍的反应程度和受害程度是不同的，因此探讨不同作物在涝渍条件下的反应就具有较大的现实意义（常江，2000），近年来，国内学者针对长江中游低洼涝渍地的作物排水控制指标开展了不少研究，取得了一定进展，但仍有待深入（沈荣开，1999；汤广民，1999；张瑜芳等，1999；李乐农等，1999）。

2. 把生态农业理论知识应用于具体生产实践

大力发展种养结合系统、林农复合系统等综合发展模式，建设高产、优质、高效的现代化农业生产体系。以市场为导向，按照生态序、时空序、经济流向序、产业优化组链序构建具有市场应变能力的高效农业种养体系（黄璟等，2001）。单从低洼田生态环境的现状和生产力水平来看，涝渍灾害是一个巨大负担和一个重大社会问题。但如果将低洼涝渍地区看成一个有机的生态系统，其组合资源的开发则蕴藏着巨大的潜力。对于综合开发利用低洼涝渍地的必要性，在很多研究中都有所论述（任晓华，1995；丁疆华等，1999；方芳，2000；朱建国等，2000）。多年来，各地围绕低洼田的综合开发也进行了大量探索，形成了不同层次的技术和各种开发模式，显示出其具有强劲的生命力。例如，湖北省江汉平原从20世纪80年代后期开始进行低洼田生态农业的试验示范研究，着手建立了涝渍区域开发的综合农业模式，取得了一定成效（濮培民，1994）。江苏省扬州市在低洼江滩建立的农林复合体系也取得了优良的效果（李晓储等，2001）。湖北省四湖地区实施生态工程的一些经验（陈世俭等，1997）以及洞庭湖区的有关做法也值得借鉴（王克林和刘新平，1995；王克林（1999）。

第三节 低洼田种养结合模式的发展

一、概述

发展水产养殖一直是低洼田改良和利用的有效举措，但单一的大规模的水产养殖也会带来环境污染（Adger，2000；Bergquist，2007；Naylor 等，2009）。国内外研究表明，将水产养殖与农业系统相结合的农业水产复合生态系统（Integrated agri-aquaculture system，IAAS）是促进湿地农业持续发展、保证粮食安全的有效途径（Pretty，2008）。在这一复合生态系统中，水产养殖与一种以上的农业种植业生产相结合，水产养殖所产生的废弃物可以作为农业生产的营养和能量，从而产生协同增效效应、实现系统的稳定（Khoo 等，1980；Edwards，1980，1988，1993，1998）。这种模式通常具有以下特点：一是丰富的生物多样性降低了系统风险，系统具有较高的恢复力（Bailey

等，2008)；二是高效的系统内部循环降低了对外部能量和物质的依赖（Dalsgaard 等，1995；Cavalett 等，2006)；三是具有较高的资源利用效率和系统生产力，增加农民经济收入（Berg，2002；Pant 等，2005)。因此，相对于集约化的单一农业生产系统，种植-水产综合种养系统被普遍认为是一种可持续发展的农业模式（Kumaresan 等，2009)。

我国是世界上发展这一模式最早的国家，也是发展最为成熟的国家。据历史考证，种植-水产综合种养模式在我国已有 2 100 多年历史。汉朝出现了养鲤与水生作物以及畜禽饲养的综合模式。据《玉壶冰》中记载："汉侍中郁于岘山南，依范蠡养鱼法作鱼池，池边有高堤，种竹及长禾秋，芙蓉录岸，菱芡复水"。池里养鱼，池边种竹，水里又长菱角、芡实，这是汉代水产养殖与经济作物种植相结合的一幅生动画景（蒋高中和赵永锋，2011)。

二、农业湿地主要高效种养模式

目前，我国有农业湿地约 2 000 万 hm^2，充分利用农业湿地的生态条件，大力发展湿地综合种养模式，是促进农民增产增收、实现农业可持续发展的重要途径。稻田综合种养模式是我国湿地农业最早、最有效的形式之一，我国目前已经广泛推广的稻田综合种养模式有稻田养鱼、稻田养鸭、稻田养鳖等。此外，莲藕、茭白、水芹、慈姑、菱角等水生作物栽培也非常适合湿地农业立体种养有效结合，由此衍生的藕田养鱼、藕田养鸭、茭白田养鸭等也获得了较好的经济效益和生态效益，并在实践中得到大面积推广应用。

（一）稻田养殖模式

1. 稻田养殖的历史

稻田种养模式在世界上很多国家和地区都有分布，主要的国家有中国、印度、孟加拉国、日本、印度尼西亚等。稻田种养复合生态系统与当地的文化、经济和生态环境相结合，在保护当地生物多样性和维持农业可持续发展方面都扮演着极其重要的作用。

至于稻田种养模式具体的起源时间和地点，目前还没有一致的观点。据成书于 1 700 多年前的《魏武四时食制》记载："郫县子鱼，黄鳞赤尾，出稻田，可以为酱"。"子鱼"即小鱼，"黄鳞赤尾"则指的是"鲤鱼"，也就是说在那个时期就已经在稻田里养殖鲤鱼了。稻田养鱼的事实肯定早于文字记载的出现，因此可以肯定推测，至迟东汉时期，我国已经开始稻田养鱼(蔡仁逵，1991；夏如兵等，2009)。

关于稻田养鱼的起源地，主要有广东、四川、陕西汉中等多种推断。从自然条件和技术变迁规律的角度来看，四川地区更有可能是稻田养鱼的发源地。四川地处长江上游，水网密布，气候温暖湿润，雨量充沛。巴蜀先民早在新石器时代就已开始了对鱼类资源的普遍利用。秦、汉时期，随着数量众多的水利工程的兴修，陂池水田大量出现，为大规模的人工养鱼提供了条件，这一时期四川渔业相当发达。为方便灌溉，四川地区稻田与水塘（鱼塘）往往相连，由偶然的鱼入稻田到有意识的人工放养，其结果是必然的。而且，四川地区冬水田分布广泛，当地人往往利用其来养鱼。这些也为文献记载和地下出土文物所证实。因此，结合以上观点，推断东汉以前四川地区就已开始稻田养鱼是比较合理的。

唐、宋、元时期稻田养鱼模式继续发展。至明代，一些地区已开展大面积的稻田养鱼。据唐昭宗年间广州司马刘恂在《岭表录异》中记载：“新泷等州山田，拣荒平处，以锄锹开为町畽。伺春雨，丘中聚水，即先买鲩鱼子散于田内，一、二年后，鱼儿长大，食草根并尽，既为熟田，又收鱼利，及种稻且无稗草，乃齐民之上术也。”稻田养草除草，一举两得，开创了中国生物防治杂草的先河。另据明万历（1573 年）广东《顺德县志》中载：“圃中凿池养鱼，春则涸之插秧。大则数十亩”。说明当时，稻田养鱼模式已在南方地区进一步扩展，并且具有相当大的规模。

新中国建立后，稻田养鱼发展迅速，由原来集中在南方地区逐渐遍及全国各地。至 2000 年，全国稻田养鱼面积（包含稻田养成鱼及稻田养鱼苗面积）已扩大到 177.95 万 hm^2，总产量 74.58 万 t。其中湖南省稻田养鱼面积达 35.51 万公顷，居全国首位，也是全国稻田养鱼种最多的省。四川省稻田养鱼面积为 31.88 万 hm^2，居全国第二位，稻田养成鱼面积则位居全国第一（孟宪德等，2001）。2017 年，四川省稻田养鱼面积超过 30.67 万 hm^2，稳居全国第 1 位，水产品产量达到 35.09 万 t，渔业产值 54.04 亿元，促农人均增收 5.8 元。

随着现代经济需求和农业技术的发展，我国稻田养殖模式正逐渐向规模化、多样化、市场化方向发展。一是规模化与现代机械化结合，由小型的农户种养向大规模的统一综合种养管理发展。二是多样化，主要为养殖物种多样化，出现了新型的甲壳类、两栖类、软体类等生物的养殖。三是由传统单一品种养殖向多物种混养、多级食物链构架的更加复杂的系统转变，更加有效利用系统食物和空间生态位。四是市场化，养殖中越来越注重水产品种的选择，市场价值高的品种越来越受青睐。

至于国外稻田养鱼的历史，有研究者推测稻田养殖在1 500年前由印度首先传入东南亚各个国家（Tamura，1961；Ali，1992），日本和印度尼西亚稻田养殖则开始于19世纪中期（Kuronuma，1980）。至20世纪中期，世界六大洲共28个国家都有了稻田养殖的复合生产方式（Coche，1967）。

2. 稻田养殖的研究现状

目前，国内外关于稻田养殖模式的研究主要集中在稻田养殖温室气体排放、稻田养殖生产力、生物间相互作用以及稻田养殖资源利用等方面。

稻田综合种养系统中鱼类等活动可以增加水体铵态氮的含量（Oehme等，2007），改变水体和土壤的氧气含量和pH值（Frei等，2007），这些都可以影响到甲烷和氧化亚氮的产生或氧化。但关于稻田养殖模式温室气体排放的研究普遍存在一个问题，即多数稻田种养系统均需投饲，在这种情况下，难以排除系统中额外投入的饲料对甲烷的影响。因此，这方面还需设计更加严格的大田实验进行深入研究。

关于稻田养殖模式中水生动物对水稻产量影响的研究结果并不一致。Frei等（2005）对稻田养殖罗非鱼模式的研究发现，种养模式下水稻产量显著高于单种模式；Gurung等（2013）的研究也得到了相同的结果；Ahmed（2010）等对孟加拉国稻田养虾模式的研究发现，稻田养虾会提高水稻产量。但是也有不少研究发现，水生动物的活动对水稻产量并没有显著的影响（Vromant等，2005）。Li等（2007）以及吕东锋等（2010）等对稻田养蟹模式的研究都发现，中华绒螯蟹的放养密度对水稻产量没有显著影响。Lightfoot等（1992）认为，水生动物对水稻产量的影响可能与水生动物种类、饲料和肥料的使用及水稻品种有关。而关于稻田养殖对水生动物产量影响的研究相对较少，由于养殖品种和养殖密度的不同，水产品的产量波动很大。一般认为，利用系统生态位的互补利用，不同鱼种混养会提高产量。

在稻田养殖复合生态系统中，互惠互利的生态学原理是稻田养殖系统的基础，保证了系统的环境效益和经济效益。一方面，水稻可为水生动物提供庇护场所、合适的水温、氧气浓度及食物来源。Xie等（2011）等的研究表明，在夏季中午，水稻为鱼遮荫，降低了田面水温度，同时鱼的活动频率也显著高于单养模式。由于水稻的吸收作用，稻田养殖模式下水体的氨氮含量要低于单养模式，这更有利于鱼的生存。Wahab等（2008）对稻虾共生系统的研究表明，对虾引入稻田后其种内竞争（如相互攻击行为）作用降低。另一方面，水生动物对水稻的病虫草害也有很好的生物防治作用，从而降低系统农药用量，越来越多的国家和地区开始将稻田养殖模式作为稻田减少农药使用的重要途径。此外，稻田养殖模式可使稻田土壤水稳定性团聚体数量增加，改善土壤质地和水稻根系微环境得到改善，化肥用量也有一定程度降低（陈飞星等，2002；汪清，2011）。

水稻生产和水产养殖都面临着水、土资源有限和养分利用率提高等问题。水稻生产中通常要投入大量的氮，但是仅有小部分被水稻利用，剩余的氮素以氨挥发、淋失、淋溶等方式释放到环境中，既带来了环境污染，也造成了资源浪费（Miao 等，2011）。稻田养殖系统中，引入的水生动物利用了稻田立体生态位，有效地利用了闲置的中水层和底水层空间，提高了水、土、空间资源的利用率，丰富了系统食物链和营养能级。很多研究表明，水生动物的活动能够促进系统养分的利用和循环，提高养分资源的利用（Frei 等，2005）。关于稻田养殖养分利用的研究主要集中在以下方面：（1）水生动物排泄物直接增加了稻田水体和土壤有效养分，排泄物中所含的丰富有机质也有利于微生物增殖，促进养分循环和土壤原有养分的活化。（2）共存物种取食活动和机械扰动作用促进系统养分的有效利用。水生动物对土壤的扰动在一定程度上释放了土壤中被固定的养分，增加水体溶氧浓度，改善土壤氧化还原状况，促进氮的矿化和硝化作用（李成芳等，2009）。此外，水生动物的取食作用也可抑制杂草和浮游生物的生长，减少这部分生物对系统中养分的吸收，使更多的养分流向目标生物（Tsuruta 等，2011）。（3）减少系统氮的损失。Li（2008）和 Datta 等（2009）的研究均发现，与常规单种水稻相比，稻田养鱼模式氨挥发、氧化亚氮排放和硝酸盐淋溶量均有所降低。（4）资源互补利用。水生动物排泄物中的营养物质可以被水稻作为肥料再次利用。黄毅斌等（2001）的研究发现，鱼排泄物中的氮有 17%~29%被水稻吸收；Panda 等（1987）的研究表明，稻田养鱼模式下，水稻可以吸收更多的铁元素。

（二）其他种养模式

其他套养模式包括莲藕（*Nelumbo nucifera*）、茭白（*Zizania latifolia*）、水芹（*Oenanthe javanica*）、慈姑（*Sagittaria trifolia*）、南湖菱（*Trapa acornis*）等水生作物种植与鱼类、禽类养殖相结合的模式，其中藕田养鱼模式是应用较为普遍的模式。针对这些模式，国内学者开展了不少研究，但多侧重于技术集成方面，针对其机理、生态效应等方面的研究则相对较少。

第二章　浙江北部低洼田湿地农业发展现状及特色

第一节　浙江省嘉兴市秀洲区湿地农业发展现状

一、概述

浙江省嘉兴市秀洲区位于浙江省北部，是嘉兴市本级的新兴城区，东邻上海，西靠杭州，南濒杭州湾，北接苏州，是长三角经济圈的黄金腹地，被国务院列为先行规划、先行发展的重点沿海开放地区之一。全区总面积542km^2，人口50万，距市中心1.5km，320国道、京杭大运河、乍嘉苏高速公路都在秀洲新城境内穿过，并设有出入口码头。位置优越，交通方便，气候宜人。下辖5个镇、4个街道和2个国家级经济开发区。

该地区地势低洼，地处我国东南沿海亚热带季风区，每年6—7月雨带北移到长江中下游流域，冷暖空气团势力旗鼓相当，在这一地区对峙与徘徊，容易形成一条稳定的降雨带，造成长时间绵绵的梅雨天气，形成了“逢水必淹、逢雨必灾”的局面。

区内动植物资源丰富。据鸟类爱好者观察记录，每年4月和10月候鸟迁徙季节，有80多种鸟类在这里迁徙栖息，其中国家级保护鸟类有凤头蜂鹰（*Pernis ptilorhynchus*）、苍鹰（*Accipiter gentilis*）、鹞鹰（*Circus cyaneus*）、燕隼（*Falco subbuteo*）、鹗（*Pandion haliaetus*）、长耳鸮（*Asio otus*）、红角鸮（*Otus scops*）、草鸮（*Tyto longimembris*）、红隼（*Falco tinnunculus*）等20余种，省级保护鸟类60余种。如白鹭（Egretta）每年大批迁徙停留此地，常栖息于稻田、池塘间。湿地水体浮游植物数量的种类组成以硅藻（Bacillariophyta）、绿藻（Chlorophyeae）为主、其次是蓝藻（Cyanophyta）、隐藻（Cryptophyta）。生物量的组成主要以硅藻、绿藻为主，其次是裸藻（Euglenophyta）或隐藻（Cryptophyta）。浮游动物数量的种类组成以原生动物为主，占总数的90%以上。生物量的种类组成则反之，以原生动物最少。池塘以枝角类（Cladocera)、无节幼体（Nauplius）为主，外塘以轮虫(Rotifera)、枝角类为主。

秀洲北部湿地区域水生植物种类丰富，据调查，该地区现有水生经济植物 150 多个品种，包括莲藕、茭白、菱、芡实、水芹、水芋、豆瓣菜、水蕹菜、蒲菜、莼菜、慈菇、荸荠等。鱼类资源方面，品种多达 80 余种，主要经济鱼类有青鱼、草鱼、鲢鱼、鳙鱼、鲤鱼、鲫鱼、团头鲂、翘嘴红鲌、乌鳢、鳜鱼、黄颡鱼、黄鳝、泥鳅等（周晗等，2011)。

该地区旅游资源较为丰富。秀洲区王江泾镇原是春秋时期吴越两国的交界处，是吴国的射襄城，镇东的莲泗荡景区已被列入国家 AA 级风景区，油车港镇东西麟湖景区具有典型的江南水乡特色和田园风光，千年古寺栖真寺就坐落其中。每年清明、中秋节前后，特别是在“江南网船会”期间，秀洲北部可吸引苏、浙、沪等地的渔民、船民蜂拥而至，游客量达 10 万人次。“江南网船会”是与江南水乡渔民生产、生活习俗相关的民间水上庙会活动，是水乡渔民、船民和当地百姓为祭祀元末除蝗救灾英雄刘承忠将军，并祈求风调雨顺、出入平安、农渔丰收的活动。

“十二五”期间，围绕省委省政府“两区”建设、市委市政府 “五个一百”示范工程，秀洲区深入推进“五个二十”示范工程，大力实施“6+1”主导产业提升工程，扎实推进“两区”建设，农业优势产业集聚、经营主体壮大、基础设施改善、综合生产能力提升等方面取得快速进步，为“十三五”时期现代农业发展奠定了坚实基础。

二、浙江省嘉兴市秀洲区低洼地区农业发展的制约因素

嘉兴市为浙江省开发利用地下水历史最早、利用程度最高的地区。1954 年起嘉兴城区、嘉善魏塘、平湖当湖、海盐武原、海宁硖石、桐乡梧桐等主要城镇相继开采地下水作为生活饮用水，1976 年前平均年开采量为 1 111 万 m^3。由于工农业生产发展及地表水环境的恶化，1976 年后地下水开采量持续大幅增加，并由主要城市向乡镇扩展，1996 年达 1.48 亿 m^3，为最大年开采量，其后至 2004 年地下水年开采量均在 1 亿 m^3 以上。由于大规模开采地下水致使地下水位迅速下降，进而诱发了严重的区域性地面沉降，产生了严重的地质环境问题。从 1964 年开始，嘉兴城区开始发生地面沉降，进而经历缓慢、显著、急剧发展的阶段。现已在嘉兴城区、嘉兴王江泾、平湖当湖、海宁袁花、

长安、桐乡屠甸、乌镇、崇福等地形成次一级的地面沉降漏斗。至2010年，嘉兴市秀洲区王江泾镇的最大累计沉降量为1 204mm。政府有关部门对此高度重视，通过实施地表水环境治理、城乡供水一体化、禁采限采地下水等综合性工程从源头上控制了地面沉降的发展。据嘉兴市地面沉降监测，嘉兴市的地面沉降速率已大幅降低，其中沉降较严重区的嘉兴王江泾、海宁双山、桐乡百桃、桐乡屠甸等地沉降速率已由2004年的39.0~59.6mm/年，下降到2010年的小于9mm/年。

嘉兴市秀洲区等地正处于地面沉降较为严重的区域，虽然目前沉降速率已得到基本控制，但由于该区域本身地面高程较低，加上长期沉降导致该地区多数农田长期处于水淹状态，冬种生产因农田积水无法种植，农户发展其他旱生经济作物也受环境制约，多数农田以种植一季水稻为主，但排涝成本较高，效益低下，严重制约当地农业发展，影响农民收入。

该地区水域主要以传统的四大家鱼养殖为主，分为外荡（航道）养殖、内荡（承包鱼塘）养殖和稻田开挖养殖。受养殖条件制约，水产品品质和效益均不高。同时，由于过度使用拦河网、电网等破坏性捕鱼法，致使野生鱼类资源大量减少，湿地原有生态功能有所弱化，生物多样性下降。再加上20世纪围网养殖模式的推广，该地区不少湖荡曾进行过一段时间的大规模围网及围栏养殖，对湿地原有生态系统结构带来了一定破坏。此外，改革开放以来，与长江三角洲很多地区相同，秀洲北部以及周边的江苏盛泽等地纺织、印染工业发达，对当地水体产生了一定程度污染，这也为当地农业生产带来了一定的影响。近几年来，当地通过“五水共治”，水环境已有明显改善。

第二节 浙江省嘉兴市秀洲区低洼田发展湿地农业的主要做法与成效

近年来，秀洲区因势利导出新招，依托渔业资源优势，通过推行水生作物种植、种养结合、湿地休闲观光等模式，突破秀洲北部农业发展的“瓶颈”，实现了生态修复和经济发展的双赢。

一、创新湿地农业发展格局，为农业转型“搭台唱戏”

（一）强化区域特色，科学规划布局

根据秀洲区北部王江泾、油车港镇农业现状和资源禀赋，立足产业提升

和区域布局，合理规划北部湿地农业综合区，构建“五区、二园、三配套”格局。综合区建成面积 3 079 hm^2，2014 年实现年产值 4.08 亿元。“五个示范区”，以廊下村、古塘村为核心的粮食功能区，以陶家荡、梅家荡为核心的四个主导产业示范区。“两个精品园”，以古塘特色渔业、吉丰稻鱼为核心的二个精品园。“三配套服务中心”，建成水生蔬菜展示平台、农业公共服务渔业分中心和农业公共服务水生蔬菜分中心，产业格局基本成型。

（二）强化生态理念，找准发展定位

综合区以生态循环、优质高效为理念，因地制宜大力发展水生蔬菜、生态渔业、湿地种养、粮经轮作、设施农业等高效生态循环农业，形成了“水生作物种植–水产养殖–种养结合–养殖尾水循环利用–生态旅游休闲”的发展模式。以生态循环为重点。改造鱼塘生态化 169 hm^2，发展新型藕田养鱼模式 597 hm^2，成功创建省级生态循环农业示范区 1 个，新型农作模式创新示范区 1 个，稻田养鱼示范区 1 个，大力推进“渔业治水”。

结合美丽乡村建设和休闲观光农业，发展了“荷塘叶色”综合体、莲泗荡休闲旅游区、田园乡村俱乐部、古塘生态农庄等农业休闲观光区块，形成了集湿地观光旅游和江南水乡渔俗于一体的特色旅游区。

2017 年 7 月 29 日，秀洲区王江泾镇举办了“2017 年王江泾首届荷花节暨经贸洽谈会”，围绕该镇的旅游文化资源和荷花节活动主题，荷花宝贝评选、航拍比赛、“运河水镇 荷美王江泾”主题摄影大赛、“莲韵清廉”农民画比赛、“咏莲颂廉”朗诵大赛、赏荷骑行及放荷花灯活动、荷苗才艺秀、制作丝网荷花等九大项活动将依次开展。以荷花文化展示馆为公共服务中心和展示中心，串联起周边的莲泗荡景区、北部湾农庄和洪典美丽乡村，活动举办地形成“一心多点，串点成线”的空间格局。节会大力弘扬了秀洲本地荷花文化和历史文化。作为“中国田藕之乡”，王江泾以其莲藕种植的发展规模形成了阡陌相连、湖荡遍野的绿色风景，莲藕种植也成为本地特色农业旅游经济的重要资源。通过“荷花节”这一节庆品牌，王江泾将进一步传承荷花文化的历史，彰显田藕之乡的文化内涵。

（三）强化扶持引导，搭建发展平台

一是搭建运作平台。建立综合区领导小组和实施小组，全面推进综合区建设。成立国有投资公司，负责项目投资管理。争取省以上现代渔业发展资金 1 235 万元，整合市区产业化相关资金 1 000 万元。成功争取国家“一县一特”农综试点——梅家荡现代渔业特色园。二是搭建土地流转平台。建立区、镇、村三级土地流转平台，加快园区内土地流转，综合区内流转土地 1 430hm^2，流转率 77.03%，列全市首位。三是搭建技术服务平台。在现有农业公共服务中心的基础上，成立公共服务渔业分中心和水生蔬菜分中心，服务园区建设；建立区镇村“三位一体”服务机制，形成“首席农技专家+农技指导员+责任农技员+示范基地+农户”的农技服务格局。

二、增强湿地农业发展实力，为农业转型“集聚要素”

（一）强化基建，规模效应凸显

整合项目加大投入。综合区结合农业综合开发、“美丽乡村”建设、土地综合整治和省市区产业化等项目建设，完成公共基础设施建设投资 9 552 万元。

基础设施全面强化。综合区建设排灌沟渠 154.13km、道路 52.92km、高标准鱼塘 617hm^2、管理用房 10 750m^2、仓库 2 540m^2、大棚 11.6hm^2、处理场地 5 480m^2、绿化 60 710m^2、泵站 20 个、桥梁 4 座。

规模效应日益增强。基础设施的强化有效推进了园区的规模化发展，粮食实现全程机械化，建立了“土地流转—规模经营—精品农业—提质增收”的发展模式，农业综合生产能力明显提升。

（二）“筑巢引凤”，集聚效应凸显

积极引进农业项目。综合区内先后引进国家农综项目——梅家荡现代渔业特色园、北部湾种养、陶家荡渔业提升等一批规模大、产业新、辐射带动力强的项目，项目投资总额 1.98 亿元，水产、蔬菜、粮油等主导产业实现全产业链。

做大做强农业主体。综合区内培育区级以上农业龙头企业 20 家、农民专业合作社 12 家、家庭农场 9 家。

全面打造发展样板。北部湾种养结合项目借助中央鱼类产业提升项目，累计投资 2 500 多万元，建成面积 65.2 hm^2，打造了集养殖、种植、种养结合和休闲垂钓采摘于一体的生态休闲农业样板。

（三）严格标准，品牌效应凸显

建立农产品质量检测体系。建立区、镇、园区农产品质量安全检测室，配备农产品质量安全检测设备 36 台，开展农产品生产全程监控和质量安全追溯试点。

建立农业标准化体系。园区内通过无公害农产品产地认证 13 个，无公害

农产品 34 个，绿色食品 5 个，有机产品 2 个；制定农产品生产标准化模式图 8 个，创建区级以上标准化示范基地 12 个，过省级无公害产地整体认定面积 1 067 hm^2。

打造农业特色品牌。农产品全部达到无公害要求，综合区内无任何农业生产安全事故和农产品质量安全事故。注册“嘉禾池青”“杨溪生态鳖”等农业品牌 12 个，成功创建“中国青鱼之乡”“中国田藕之乡”（图 2-1）和“中国菱乡”（图 2-2）、“浙江莲藕之乡”。

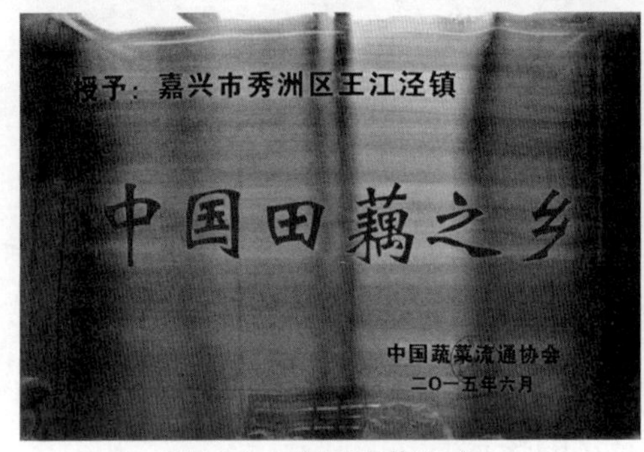

图 2-1 中国田藕之乡

图 2-2 中国菱乡

三、提升湿地农业发展效益，为农业转型“添翼增色”

（一）产业发展带动，经济效益叠加

整体效益明显。综合区合计年总收入达 4.08 亿元，新增收入 1.48 亿元，新增利润 4 211 万元。

新型模式效益明显。藕鳖种养结合模式，实现生态鳖 65 元/kg，收益增至13.17 万元/hm^2。高密度乌鳢塘种植空心菜（图 2-3，图 2-4），实现水体原

图 2-3 乌鳢鱼塘水面种植空心菜

图 2-4 乌鳢鱼塘水面种植空心菜

位修复，空心菜净收益 62.64 元/m^2。鱼塘种植空心菜，净收益 20.86 万元/hm^2。

村级经济增收明显。土地集中流转，有效提高农民收入和村集体经济。王江泾镇栋梁村，集中流转土地 1 430hm^2，村级实现租金收入 1 609 万元，农户增加租金收入 11 250 元/hm^2，为村民及村集体节支增收 187.1 万元。

（二）产业辐射带动，社会效益叠加

促进规模化发展。综合区建设促进了从一家一户小生产经营模式向规模化生产的现代农业经营格局转变。栋梁村主体规模平均达 6.8hm^2，50~60 岁农业从业人员打工年收入可达 3 万~5 万元。

发挥辐射带动作用。综合区的建设具有良好的示范辐射作用，带动农户 300 多户，辐射面积近 6 667hm^2，新增就业岗位 1 000 多个。同时，带动加工、包装、销售等相关产业发展，形成了贸工农一体化、产加销一条龙的发展格局。

加强湿地文化传承。成片的湿地农业，衍生了深厚的文化底蕴，打造了“麟湖之声”南湖菱文化节，开展了南湖菱评比擂台赛，采菱、剥菱、划菱桶和唱渔歌等节庆活动，推进了湿地农耕文化的挖掘。

（三）产业功能拓展，生态效益叠加

净化生态环境。北部湿地农业在涵养水源、改善水质、净化空气方面发挥了重要作用。据定点连续 3 年研究，莲藕种植可降解水中总磷 20%、总氮 10%、悬浮固体 60%，有效净化水质。莲藕种植区、水稻种植区负氧离子分别达到 1 271 个/cm^3、1 065 个/cm^3，有效改善空气质量。

减少面源污染。综合区内全面推广以莲藕、南湖菱等水生蔬菜和以青鱼、生态鳖等水产品为主的主导产业，推行标准化生产技术和病虫害综合防治技术，严格控制化肥、农药的施用，实施养殖尾水处理循环利用，农作物秸秆、畜禽粪便、“三沼”资源化利用率近 100%，废弃农药包装物和农膜回收处理率达到 100%，有效减少农业面源污染。

优化人居环境。综合区内打造了从 07 省道到莲泗荡风景区、从杨溪村到王江泾镇全长 13km 宽为 50m 的莲藕观赏带，洪典村水生植物多品种展示平台和刘公园盆栽莲藕品种达到 300 多个，进一步优化人居环境，吸引众多游客慕名前往。

第三章　低洼田新型种养结合模式的关键技术

第一节　低洼田种养结合模式的可行性分析

低洼田是一个比较典型的人工生态系统，包括氧气、二氧化碳、水、土壤、有机碎屑、矿物质、光、热等非生物因子以及水生作物、杂草、微生物(包括光合细菌等)、浮游植物（如藻类等)、浮游动物（如轮虫、枝角类、桡足类等)、底栖生物（如摇蚊幼虫、水栖寡毛类、螺、蚌等软体动物等）等生物因子。在各种生物因子中，水生作物通过吸收光能并通过转换、运转和贮存，形成叶片、茎秆以及供食用的农产品等。同时，田间大量的杂草、浮游生物及其他水生生物、光合细菌等，也同样进行着能量和物质的转换、运转和贮存。但它们并不能提供可供人类食用的农产品，相反还会与水生作物竞争光、营养以及空间等资源。

在低洼田实行种养结合，水产动物可以摄食低洼田中的杂草、浮游生物、底栖生物、细菌团等，将其充分利用起来。水产动物的排泄物又可以作为水生作物的肥料。水产动物的摄食和活动，可以疏松土壤、打破土壤表面胶泥层的封固，对水生作物的生长也有利。最重要的一方面，采用种养结合模式，可以把整个低洼田有限的空间充分利用起来，优化资源配置，效益上面也比单独的水生作物种植或水产动物养殖要高。

第二节　种养结合条件下鱼类与水生作物的协调

种养结合条件下，鱼类与水生作物之间存在不少矛盾，主要表现在以下几个方面：

一、水生作物生长所需水位条件与养鱼之间的矛盾

这个问题在稻田种养模式中表现尤为显著。浅灌和搁田（烤田）是水稻高产栽培的一项重要技术措施，但这些措施对鱼类生长不利，鱼类需要水量较多，较高水位稳定的环境又不利于水稻的生长。因此，在稻田种养模式条件下，就需要创造一个稻、鱼互利的环境条件。水稻田对水位的要求是前期水浅、中、后期适当加深水位。前期水浅，故稻田养鱼最好选用规格小的鱼种，这样此时鱼体较小，对鱼的活动影响不大；以后随着水稻生长和鱼类长大，稻田水位也相应加深，基本符合鱼类活动的要求。

水稻的烤田主要是要控制无效分蘖，促进根系向土层深处发展，保持植株健壮，防止倒伏提高产量。烤田对稻田中鱼类的生长有很大影响。要解决这一矛盾，除要求轻烤田外，应从水稻栽培和多开挖沟、溜等综合措施入手。要栽足预计穗数的茎蘖苗。施肥实行分蘖肥底施，严格控制分蘖肥料的用量，特别是氮肥的用量，使水稻前期不猛发，达到稳发稳长，群体适中，这样可减少烤田次数和缩短烤田时间。此外，水稻根系有70%~90%分布在表层20cm之内的土层，这样要求开挖的鱼沟和鱼溜深度不能太浅，烤田时可达到促下控上，又不对鱼类生长带来太大的影响。

二、水生作物追肥与养鱼的矛盾

水生作物生长过程中需要多次追肥，主要施用铵态氮肥，且一般施肥前要求降低田内水位，这对鱼类的生长影响较大。因此，种养结合条件下，通常要求分段间隔施肥。即一块田分2~3次施肥，中间相隔2天左右。这样，一部分田块施肥时鱼可自然地游到另一部分田中回避，待另一部分田块施肥时，鱼又可向施过肥的田块转移。

三、喷施农药与养鱼的矛盾

虽然种养结合条件下，水产动物可以摄食部分害虫及杂草等，但是毕竟不能完全消灭病虫草害，特别是细菌性病害（比如水稻的稻瘟病）。因此，有些时候必须采用喷施农药防治病虫害，但绝大多数农药对水产动物是有毒甚至是剧毒的。解决方法包括生物防治、选用高效、低毒、低残留、广谱性的农药、严格按照农药使用说明以及鱼类的安全浓度选用合适农药、做好回避措施以及采用合适的施用方法等。

四、鱼类活动对水生作物生长的影响

鱼类的活动会对水生作物的生长产生一定影响。因此，需要根据所选模式合理安排水生作物种植、收获以及苗种放养、捕捞的时机。如莲藕-甲鱼模式，需先栽植莲藕，待其扎根，第一张叶片露水后，再放入甲鱼苗种，若放养的甲鱼苗种规格较大，则需再相应延迟一段时间放养。否则，甲鱼在池底活动，翻动底泥，容易将种藕翻出，影响扎根生长。甲鱼在10月底开始陆续进入冬眠，需在此之前将莲藕采挖上市。若莲藕不采挖，则需将甲鱼捕捞至另外的空塘冬眠。

第三节 藕田养鱼模式

一、藕田套养常规鱼类模式

(一) 莲藕品种的选择与栽培

1. 莲藕品种的选择

莲藕宜选择产量较高、品质优，抗性好的品种，藕莲或者子莲均可。以下为目前常用且较适宜的几个品种。

(1) 鄂莲一号。武汉市蔬菜科学研究所育成。1981年从上海市郊引进农家品种，后从顶芽繁殖中选优良单株系选而成。原编号8135。1993年通过湖北省品种审定委员会审定，命名为鄂连一号。极早熟。叶柄长130cm，叶椭圆形，叶径60cm，开少量白花，主藕6~7节，长130cm，横径6.5cm，单支重5kg左右，皮黄白色，入泥深15~20cm。7月上旬每公顷可收青藕15 000kg，9—10月每公顷可收老熟藕30 000~37 500kg。宜炒食。

(2) 鄂莲二号。武汉市蔬菜科学研究所育成。1981年自浙江绍兴引进田藕，后从自然落籽后代中单系选育而成。原编号8137。1993年通过湖北省品种审定委员会审定。中晚熟，长江流域4月上旬定植，8月下旬可始收，10月采收老熟藕，叶柄长180 cm，叶近圆形、平展，叶面多皱褶，白花。入泥深30cm，主藕5~6节，长120cm，横径7cm，单支重4~5kg，皮色白。每公顷产量30 000~37 500kg，清炒煨煮皆宜，易粉，汤色白，味甜。

(3) 鄂莲三号。武汉市蔬菜科学研究所育成。1983年自湖南泡子与荆门竹节杂交后代选育而成。1993年经湖北省品种审定委员会审定。早中熟。长江流域 4 月上旬定植，7 月上中旬可收青荷藕，9 月后收老熟藕，叶柄长 140cm，叶径 65 cm，开白花。主藕呈短筒形，5~6 节，长 120cm 左右，横径 7cm 左右，单支重 3~4kg，皮色浅黄白色。入泥深约 20cm。每公顷产老熟藕 33 000kg，炒食、生食皆宜。

（4）鄂莲四号。武汉市蔬菜科学研究所育成。1988 年用“8126”（合肥地方种）与武汉地方种长征泡子通过人工杂交后代选出。1993 年经湖北省品种审定委员会审定。中熟。叶柄长 140cm，叶椭圆形，叶径 75cm，花白色带红尖，主藕 5~7 节，长 120~150cm，横径 7~8cm，单支重 5~6kg，梢节粗大，入泥深 25~30cm，皮淡黄白色。长江中下游地区于 4 月上旬定值，7 月中下旬收青荷藕，每公顷产 11 250~15 000kg，9 月可开始收老熟藕 37 500kg 左右，生食较甜，煨汤较粉，亦宜炒食。

（5）鄂莲五号。武汉市蔬菜科学研究所育成。1991 年自“8137”与“8135”杂交后代中选出。2000 年通过湖北省品种审定委员会审定，品种审定编号为鄂审定菜 001–2001。中早熟。株高 160~180cm，叶径 75~80cm，叶近圆形，花白色，结实率较低。主藕 5~6 节，长 120cm，横断面椭圆形，直径 7~9cm，藕肉厚实，通气孔小，表皮白色。入泥深 30cm，长江中下游地区 4 月上旬定植，7 月中下旬每公顷收青荷藕 7 500~12 000kg，8 月下旬产老熟藕 30 000~45 000kg。生长势强，不早衰，抗逆性强，稳产，藕形粗壮，肉孔比大，商品性好，炒食、煨汤色白易粉，南方市场及出口市场倍受欢迎。

（6）鄂莲六号。武汉市蔬菜科学研究所育成。2000 年自鄂莲四号与“8143”杂交后代中选出，2008 年通过湖北省农作物品种审定委员会审（认）定，品种审定编号为鄂审菜 2008006。植株生长势较强，株高 160~180cm，叶近圆形，表面光滑，叶片半径 36cm 左右，叶柄粗 1.9cm 左右，花白色，开花较多，13 叶左右开始着藕，生育期 125 天左右，入泥浅，一般为 25~30cm。早熟，藕节间形状为中短筒形，表皮黄白色，藕头、节间肩部圆钝，节间均匀。一般主藕 6~7 节，长 90~110cm，主节间长 14~17cm、粗 8cm，单支整藕重3.54kg，每公顷藕产量 37 500~45 000kg。

（7）鄂莲七号。武汉市蔬菜科学研究所育成。又名“珍珠藕”，是以鄂莲五号为亲本，通过有性自交选育而成的莲藕新品种。早熟，生长势较弱，植株矮小，株高 110~130cm。叶近圆形，叶柄较细，叶片半径 28~32cm，表面粗糙。花白色。全生长期 100 天左右。入泥浅，一般为 25~30cm。藕节间为短圆筒形，节部空隙小，藕表皮光滑、黄白色，藕头圆钝，藕肉厚实。老熟藕主藕 5~7 节，主节间长 9~12cm，粗 6~10cm，单支整藕重量 2.5kg 左右，主藕重量 1.6kg 左右。一般 7 月中旬青荷藕每公顷产量 15 000kg 左右，9 月上旬枯荷藕每公顷产量 28 500kg 左右。藕肉厚实，凉拌、炒食、煨汤皆宜。

（8）鄂莲九号。武汉市蔬菜科学研究所育成。用“8135-1 莲藕”为亲本自交，从子代实生系中选择优良单株育成的莲藕品种。2015 年通过湖北省农作物品种审定委员会审（认）定，品种审定编号为鄂审菜 2015009。又名巨无霸，是近年来莲藕育种中所获得的突破性品种。早中熟，叶片大。表现为单支藕粗大、产量高、商品率高、抗逆性强等特点。株高 180cm 左右。叶柄较粗，叶片近圆形、较平展，半径 43cm 左右，叶面粗糙。开花较多，花白色。藕节间中短筒形，表皮黄白色，主节间长 14cm 左右，粗 8cm 左右，藕形指数 1.6 左右，主藕 5~7 节，单支整藕重 4~6kg，主藕重 2.4kg 左右。每公顷老熟藕产量 45 000~60 000kg。炒食、煨汤皆宜。

（9）武植二号。中国科学院武汉植物研究所 1979 年自慢荷品种单株系选而成。该品种中熟，适合浅水栽植，130 天可收获，入泥深 30cm。藕身形态与苏州慢荷相似，横切面有明显的凹槽。开花较少，花白色并略带红色，单瓣。植株高 150cm，叶径 50cm，主藕 120cm，4~6 节，中间节段长 15cm，横径 6~8cm，最大单支藕重 5kg，主藕重 3kg，表皮乳黄色，顶芽淡黄色。藕肉质细，品质良，煨食风味好。产量高，每公顷可达 37 500kg 以上。

（10）新一号。由鄂莲一号实生苗系选而成。中早熟品种。株高 175cm，叶径 75cm，花白色。主藕入泥 30cm 左右，5~6 节，长 120cm，粗 7.5cm。藕型肥大，皮白肉脆，商品性好。长江中下游地区于 4 月上旬定植，7 月中旬可收青荷藕，8 月中下旬成熟后，每公顷产 37 500~45 000kg。煨汤易粉，凉拌、炒食味甜。

（11）9217。从地方品种中单株系选而成。株形高大，中晚熟。株高 175cm，叶径 75cm，耐深水，花白色。主藕入泥 30~35cm，5~6 节，长 120cm，粗7.5cm。藕型肥大，皮白肉脆，商品性好。长江中下游地区 4 月上旬定植，9 月上旬成熟，每公顷产 37 500kg 左右，清炒、凉拌、煨煮皆宜。

（12）湖州早白荷。浙江省湖州市农家品种。早熟，从种植到初收 100~120 天。抗病，不抗风。可生食、炒食或者加工。株高 150cm，花单瓣，白色，结莲蓬少。主藕长 120cm，具 5~6 节段，中间节段长约 25cm，横径 8cm，横切面扁圆形。有子藕 2~3 支，藕表皮米白色，锈斑少，肉白色。整支藕重 3kg 左右，主藕重 2.2kg 左右。

（13）建选35。建宁县莲子科学研究所育成。该品系亲本来源为“红花建莲”//“太空莲20号”/“红花建莲”。2011年通过福建省农作物品种审定委员会审（认）定，品种审定编号为闽认菜2011023。属红花子莲品种。产量高，食用口感好，品质优。以“红花建莲”“太空莲20号”为亲本，杂交后代再与“红花建莲”回交选育而成。该品种茎秆粗壮，生长势强，成熟莲蓬扁圆形，蓬面平略凸出，蓬面直径12.6~16.5cm，结实率71.4%~84.7%，平均心皮数28枚，籽粒大而圆，色泽乳白色微黄，外观和食用口感好，品质优。通心白莲百粒干重105~134g，一般每公顷产干莲1 110kg。抗腐败病能力较强，抗叶斑病能力中等，抗倒伏能力较强。

（14）金芙蓉1号。金华市农业科学研究院等单位育成。以湘芙蓉为母本，太空莲3号为父本杂交选育而成的赏食兼用子莲新品种。2009年通过浙江省非主要农作物品种审定，品种审定编号为浙（非）审蔬20090018。该品种立叶抽生较早，高约112cm，平均叶片长和宽分别为65cm和55cm，主茎总立叶数约22片。叶上花，花茎平均比立叶高15~35cm；定植后60天左右始花；花蕾暗红色，花朵玫瑰红色、碗状、重瓣，外层花瓣15~18瓣，内层花瓣平均56瓣，花朵直径18~22cm，单朵花持续开放3~4天。每公顷莲蓬数平均为79 500个，每个莲蓬子粒数平均21粒，平均结实率83%。成熟莲子呈短圆柱形，纵径约2.3cm、横径约1.9cm，鲜子百粒重约320g，鲜食甜脆；通心干子百粒重平均95g，烘干率26%，莲子肉乳白色微黄，光泽度好，品质较优。一般产量每公顷1 200~1 500kg。

2. 莲藕的栽培

（1）种藕的选择。结合养殖鱼类，综合选择熟期适宜、优质、高产、抗逆性强、纯度高的莲藕品种。

（2）合理种植。长江中下游地区一般在3月底至4月中上旬天气转暖时种植。种藕前7~10天将莲藕田深翻1~2次，每公顷施入复合肥450~750kg或商品有机肥10 000~11 250 kg，然后翻耕、耙平、灌水，当日平均气温上升到15℃以上时即可栽植莲藕。选择新鲜、无病虫、无破损、顶芽和藕身完整无损伤、有2个以上节位的种藕用50%多菌灵或甲基托布津800倍液加75%百菌清可湿性粉剂800倍液喷雾种藕，然后用薄膜覆盖消毒24小时，晾干后种植。种植密度要根据水田肥力、品种特性等适当调整。肥沃田略稀，低肥力田稍密。中、晚熟的藕莲品种栽培宜稀，一般行距2~2.5m，穴距1~1.5m，每公顷栽4 050~6 000穴，需种藕2 250~3 000kg。早熟藕莲品种适当密植有利于产量的提高，一般采用行距 1.5~2m，穴距 1~1.5m，每公顷栽植 4 500~6 750 穴，每穴栽种藕 1~2 支，需种藕 3 000~3 750kg。子莲品种株行距约为 3m×4m，每穴 2~3 支，做到全田均匀分布，每公顷用藕量建议 2 250~2 700 支。种藕一般实行卧栽。即在栽植点上按确定的朝向，将种藕的顶芽稍向下斜插入土，顶芽入土深度 8~12cm，尾端稍向上翘，以入土为度，前后倾斜 20~25 度。栽植时，田中保持 3~5cm 的浅水。

（3）水分和肥料管理。水分管理原则为“浅水长苗，深水开花结实，浅水结藕越冬”。定植后至 6 月中旬莲田灌水 5~10cm，静水保温，促藕芽早发苗。6 月下旬至 8 月下旬，莲田灌水 20~25cm，流水降温，利莲株正常发育。9 月至翌年 3 月，灌浅水护藕越冬。

施肥方面，考虑到养殖鱼类，追肥应少量分多次施用。藕莲一般追肥 3 次。第一次 5 月下旬施发根壮苗肥，每公顷用尿素 225kg、复合肥 10~15kg；第二次 7 月中旬施立叶肥，每公顷用尿素 225kg、复合肥 15kg；第三次 8 月上旬施结藕肥，每公顷用复合肥 225kg。为防止施肥对鱼类的影响，可采取先施半边，间隔 1~2 天后施另半边的方法。荷叶封行后可叶面喷施 1%尿素、0.1%~0.2%磷酸二氢钾及 0.05%~0.1%硼酸的混合液 1~2 次。子莲肥料用量较藕莲大，在立叶期、始花期、盛花期及采摘中后期分 6~7 次分别施入，从 5 月上旬开始约每半个月一次，一般每公顷施肥量在 3 000kg 左右。施肥应选择在晴朗有风的天气进行（图 3–1）。

（4）中耕除草。当田间出现杂草时，要及时拔出除草时移足要轻，注意避开地下茎，以防踩伤。将拔除的杂草踩入泥中，并翻动表土。

（5）病虫害防治。要坚持“预防为主，综合防治”的植保方针，若发生轻微病虫害，可不用防治；较严重时，可用苏云金杆菌、井岗霉素等无公害生物农药防治。新叶露出水面后观察有否芽虫，有芽虫时进行药物防治。莲藕易发褐斑病，危害叶片，严重时会造成叶片早枯，致藕减产，可用 50%多菌灵 600 倍液叶面防治，同时适量增施磷、钾、钙肥。

（6）采收。根据市场行情采收上市。

（二）主要常规鱼类介绍

藕田中可养殖的水产动物众多，具体养殖的种类需结合当地消费习惯、市场行情等因素综合进行考虑。常见的如青鱼、草鱼、鲢鱼、鳙鱼、鲤鱼、鲫鱼、编鱼等家鱼以及甲鱼、黄颡鱼、乌鳢、泥鳅、黄鳝、小龙虾、青虾、河蟹等名特优水产品。

7 月初莲藕长势

8 月中旬莲藕长势

9 月下旬莲藕长势

10 月中旬莲藕长势

11 月底莲藕长势

11 月底，种养结合试验区采挖莲藕

图 3–1　浙江北部湾湿地农业生态科技有限公司种养结合试验区

为充分发挥水体和鱼种的生产潜力，合理利用空间、饵料等资源，提高产量，在实际养殖过程中，往往会在田间采用多种不同种类、不同规格的水产品进行混养。如鲢鱼、鳙鱼栖息在水体上层，草鱼、鳊鱼等喜欢在水体中下层活动，而青鱼、鲤鱼、鲫鱼等则栖息在水体底层，将这几种鱼类混养在一起，可充分利用种养结合田块不多的水域面积的各个水层。而在各模式中放养少量的鲢鳙鱼，往往夏季水体不容易出现水华。

1. 青鱼（*Mylopharyngodon piceus*）

属鲤形目，鲤科，雅罗鱼亚科，青鱼属。俗称：乌青，黑鲩，青鲩，螺蛳青等。体长，略呈圆筒形，尾部侧扁，腹部圆，无腹棱。头部稍平扁，尾部侧扁。口端位，呈弧形。上颌稍长于下颌。无须。下咽齿1行，呈臼齿状，咀嚼面光滑，无槽纹。背鳍和臀鳍无硬刺，背鳍与腹鳍相对。体背及体侧上半部青黑色，腹部灰白色，各鳍均呈灰黑色。一般多在底层多螺蛳的较大水体中、下层中生活，食物以螺类、蚌、蚬、蛤等为主，亦捕食虾和昆虫幼虫。生长快，2~3冬龄可达3~5kg，最大个体可达70kg以上，长江中常见的个体重15~20kg。性成熟为4~5龄。4—7月在江河干流流速较高的场所繁殖，生殖后常集中于江河湾道及通江湖泊中肥育，冬季在深水处越冬。

青鱼主要分布于我国长江以南的平原地区，长江以北较稀少；它是长江中、下游和沿江湖泊里的重要渔业资源和各湖泊、池塘中的主要养殖对象，为我国淡水养殖的“四大家鱼”之一。

2. 草鱼（*Ctenopharyngodon idellus*）

属鲤形目，鲤科，雅罗鱼亚科，草鱼属。俗称：鲩，油鲩，草鲩，白鲩，草根（东北）、混子等。体较长，略呈圆筒型，腹部无棱。头部平扁，尾部侧扁。口端位，呈弧形，无须。下咽齿二行，侧扁，呈梳状，齿侧具横沟纹。背鳍和臀鳍均无硬刺，背鳍和腹鳍相对。体呈茶黄色，背部青灰略带草绿，偶鳍微黄色。

草鱼一般喜栖居于江河、湖泊等水域的中、下层和近岸多水草区域。具河湖洄游习性，性成熟个体在江河流水中产卵，产卵后的亲鱼和幼鱼进入支流及通江湖泊中，通常在被水淹没的浅滩草地和泛水区域以及干支流附属水体（湖泊、小河、港道等水草丛生地带）摄食育肥。冬季则在干流或湖泊的深水处越冬。草鱼性情活泼，游泳迅速，常成群觅食，性贪食，为典型的草食性鱼类。其鱼苗阶段摄食浮游动物，幼鱼期兼食昆虫、蚯蚓、藻类和浮萍等，体长约达10cm以上时，完全摄食水生高等植物，其中尤以禾本科植物为多。草鱼摄食的植物种类随着生活环境里食物基础的状况而有所变化。

草鱼和其他几种家鱼的生殖情况相类似，在自然条件下，不能在静水中产卵。产卵地点一般选择在江河干流的河流汇合处、河曲一侧的深槽水域、两岸突然紧缩的江段为适宜的产卵场所。生殖季节和鲢相近，较青鱼和鳙稍早。生殖期为4—7月，比较集中在5月间。一般江水上涨来得早且猛，水温又能稳定在18℃左右时，草鱼产卵即具规模。草鱼的生殖习性和其他家鱼相似，达到成熟年龄的草鱼卵巢，在整个冬季（12 月至翌年 2 月）以Ⅲ期发育期阶段越冬；在 3—4 月水温上升到 15℃左右，卵巢中的Ⅲ期卵母细胞很快发育到Ⅳ期，并开始生殖洄游，在溯游过程中完成由Ⅳ期到Ⅴ期的发育，在它溯游的行程中如遇到适宜于产卵的水文条件刺激时，即行产卵。通常产卵是在水层中进行，鱼体不浮露水面，习称“闷产”；但遇到良好的生殖生态条件时，如水位陡涨，并伴有雷暴雨，这时雌、雄鱼在水的上层追逐，出现仰腹颤抖的“浮排”现象。卵受精后，因卵膜吸水膨胀，卵径可达 5mm 上下，顺水漂流，在 20℃左右发育最佳，30~40h 孵出鱼苗。

草鱼广泛分布于我国除新疆和青藏高原以外的广东至东北的平原地区。其生长迅速，个体大，最大个体可达 35kg 以上。因其食性简单，饵料来源广泛，且生长迅速，产量高，草鱼常被作为池塘养殖和湖泊、库、河道的主要放养对象。自 1958 年人工催产授精孵化成功后，已移植至亚、欧、美、非各洲的许多国家。草鱼也是我国淡水养殖的“四大家鱼”之一。

3. 鲢（*Hypophthalmichthys molitrix*）

属鲤形目，鲤科，鲢亚科，鲢属。俗称：鲢子，白鲢。体侧扁，头较大，但远不及鳙。口阔，端位，下颌稍向上斜。鳃耙特化，彼此联合成多孔的膜质片。口咽腔上部有螺形的鳃上器官。眼小，位置偏低，无须。下咽齿勺形，平扁，齿面有羽纹状，鳞小。自喉部至肛门间有发达的皮质腹棱。胸鳍末端仅伸至腹鳍起点或稍后。体银白，各鳍灰白色。

栖息于水体的中上层，性活泼，遇惊后即跳跃出水。以浮游植物为食。3 龄可达性成熟。亲鱼多于 4 月下旬至 6 月，当水温达 18℃以上，江水上涨或流速加剧时，在有急流泡漩水的河段繁殖。幼鱼主动游入河湾或湖泊中觅食。产卵后的亲鱼往往进入饵料丰盛的湖泊中摄食肥育。冬季，湖水降落，成熟个体又回到干流的河床深处越冬；未成熟个体大多数就在湖泊等附属水体深水处越冬。冬季处于不太活动的状态。

鲢广泛分布于亚洲东部，在我国各大水系，随处可见。此鱼生长快，从 2 龄到 3 龄，体重可由 1kg 增至 4kg，最大个体可达 40kg。天然产量很高。同时，鲢的食物为浮游植物，因而成为饲养鱼类的上等鱼品，为我国淡水养殖的“四大家鱼”之一。

4. 鳙（*Aristichthysn obilis*）

属鲤形目，鲤科，鲢亚科，鳙属。俗称：花鲢，胖头鱼，黑鲢，黄鲢，松鱼，鳙鱼，大头鱼。鳙鱼体侧扁，头极肥大。口大，端位，下颌稍向上倾斜。鳃耙细密呈页状，但不联合。口咽腔上部有螺形的鳃上器官，眼小，位置偏低，无须，下咽齿勺形，齿面平滑。鳞小，腹面仅腹鳍至肛门具皮质腹棱。胸鳍长，末端远超过腹鳍基部。体侧上半部灰黑色，腹部灰白，两侧杂有许多浅黄色及黑色的不规则小斑点。

鳙喜欢生活于静水的中上层，动作较迟缓，不喜跳跃。以浮游动物为主食，亦食一些藻类。性成熟年龄为4~5龄，亲鱼于5—7月在江河水温为20~27℃时于急流有泡漩水的江段繁殖；幼鱼一般到沿江的湖泊和附属水体中肥育，到性成熟时期至江中繁殖，以后又回到湖泊食物丰富的地方肥育。冬季多栖息于河床和较深的岩坑中越冬。

鳙主要分布于亚洲东部，我国各大水系均有此鱼，但以长江流域中、下游地区为主要产地。其生长迅速，3龄鱼可达4~5kg，最大个体可达40kg，天然产量很高。疾病少，易饲养，为我国淡水养殖的“四大家鱼”之一，是我国重要经济鱼类。

鳙的精华在于头，其鱼头的市场价值远高于鱼肉，这在全世界养殖鱼类中都是极少有的。虽然鲢、鳙同属一亚科，但鳙体长与头长的比值约2.9，而白鲢的比值约为3.5，也就是说鳙的头更大，其风味远胜于鲢鱼头。鳙的头富含磷脂和胶原蛋白，老少咸宜，是养生保健佳品，不仅上得百姓餐桌，也能登大雅之堂。一些商家着力打造大头鱼的鱼头品牌，例如千岛湖的“有机鱼头”，北京的传统名菜“鱼头泡饼”等。

5. 鲤鱼（*Cyprinus carpio*）

属鲤形目，鲤科，鲤亚科，鲤属。俗称：鲤拐子、鲤子、仁鱼、朱砂鲤、朝仔、毛鱼、花鱼。体长，略侧扁，背部在背鳍前稍隆起。口下位或亚下位，呈马蹄形。有吻须一对，较短；颌须一对，其长度为吻须的2倍。鳃耙短。下咽齿3行。腹部圆。鳞片大而圆。侧线明显，微弯，侧线鳞36枚。背鳍长，其起点至吻端比至尾鳍基部为近。臀鳍短。背鳍、臀鳍第3棘为粗壮的带锯齿的硬棘。尾鳍深叉形。

鲤鱼适应性极强，耐寒、耐碱、耐缺氧。可在各类水域中生活，为广布性鱼类。在流水或静水中均能产卵，产卵场所多在水草丛中，卵黏附于水草上发育。鲤鱼也是淡水鱼类中品种最多、分布最广、养殖历史最悠久、产量最高者之一。其广泛分布于全国各地，虽各地品种极多，形态各异，但实为同一物种。鲤鱼外形美观，营养丰富，每百克肉含蛋白质17.3g、脂肪5.1g，并含有多种维生素。整条、切块烹调均佳，盐渍、风干也别有风味。鲤鱼药用价值亦高。其性味、干、平，具有清热解毒、健胃止咳、利尿消肿、安胎通气之功效。药用一般做汤淡食或配某些中药同服。

6. 鲫鱼（*Cara ssius*）

属鲤形目，鲤科，鲤亚科，鲫属。俗称：喜头、鲫拐子（湖北），鲫瓜子（东北），河鲫鱼（上海），月鲫仔（广东）；古称鲼、鲋、寒鲋。鲫体侧扁而高，体长为体高的 2.2~2.8 倍，腹部圆，头较小，吻钝，口端位，无须，下咽齿侧扁。；背鳍和臀鳍均具一根粗壮且后缘有锯齿的硬刺。鳞较大，整个身体呈银灰色，背部深灰色，腹部灰白色。

鲫鱼为广布、广适性鱼类，对各种生态环境具有很强的适应能力，从亚寒带到热带，不论水体深浅，流水或静水，清水或浊水，低氧、酸、碱等环境均能适应。一般比较喜欢栖息在水草丛生、流水缓慢的浅水河湾、湖汊、池溏中，它对水温、食物、水质条件、产卵场的条件都不苛求，能在其他养殖鱼类所不能忍受的不良环境中生长繁殖。鲫鱼又是一种广温性鱼类，水温在 10℃~32℃均能摄取和消化食物。能在水中含氧量较低的情况下长期生活，只有当含氧量低达 0.1mg/L 时才开始死亡，在较强碱性（pH 值=9）的水中也能生长繁殖。鲫鱼又是杂食性鱼类，它们的食谱极为广、杂，其动物性食物以枝角类、桡足类、苔藓虫、轮虫、淡水壳菜、蚬、摇蚊幼虫以及虾等为主；植物性食物则以植物的碎屑为最主要，常见的还有硅藻类、丝状藻类、水草等。在我国南方，鲫鱼几乎全年都能摄食；在北方则由 12 月至翌年 3 月停止摄食，而 6—8 月则为它们最旺盛的摄食时期。生殖期 3—8 月，产黏性卵。鲫鱼的性问题相当复杂，鲫鱼有雌核发育的能力，也曾有雌雄同体现象的报导。鲫鱼肉质细嫩，味道鲜美，有较高的营养价值。

鲫鱼的养殖品种繁多。我国原生鲫鱼主要有 3 种，即鲫鱼（*Carassius auratus Linnaeus*）、黑鲫（*Carassius carassius*）和银鲫（*Carassius auratus gibelio (Bloch)*）。改良的鲫鱼品种种类则较多，常见包括：

（1）高背鲫。20 世纪 70 年代中期在云南滇池及其水系发展起来的一个优势种群，具有个体大、生长快、繁殖力强等特点。因背脊高耸而得名。个体最大 3kg，亲水性强，不宜在内地饲养。

（2）方正银鲫。原产于黑龙江省方正县双风水库，是一个较好的银鲫品种。方正银鲫背部为黑灰色，体侧和腹部深银白色，最大个体重 1.5kg，一般在 0.5kg~1kg。

（3）彭泽鲫。彭泽鲫是由江西省水产科技人员选育出的一个优良鲫鱼品种，肉味鲜美、含肉率高、营养丰富。体型丰满，易运输，易暂养，易上钩，利于活鱼上市，也是一种生产和游钓兼可发展的鱼类。

（4）淇河鲫鱼。淇河双背鲫鱼因产于河南省鹤壁市淇县一条东西流向的山区性河流淇河而得名。淇河常年不结冰，1—2 月，水温仍在 10℃以上，淇河河床两岸水草丛生。优良的生态环境，为淇河鲫鱼的生长、繁殖创造了良好条件。淇河鲫鱼肉嫩味美。

（5）异育银鲫。由中国科学院水生生物研究所以原黑龙江方正银鲫为母本，以兴国红鲤为父本，通过人工诱导雌核发育而培育出的子代。该鱼具有良好的杂种优势，比普通鲫鱼生长快 2~3 倍，增产效果明显，其生活适应能力强，疾病少，成活率高，既能大水面放养，又能池塘养殖，且肉质细嫩，营养丰富，离水存活时间长，可在低温、无水条件下中短途运输活鱼，是非常好的人工繁育品种。

（6）杂交鲫鱼。以方正银鲫为母本，太湖野鲤为父本“杂交”而获得的子代。试养表明，它杂交优势明显，具有适应性强、生长快、个体大、食性广、病害少、肉味鲜美等优点，受到生产单位的普遍欢迎。适合于内塘、外荡、河浜以及湖泊围养，是一种经济效益和社会效益都较好的养殖新品种。

7. 鳊鱼（*Parabramis pekinensis*）

属鲤形目，鲤科，鲌亚科，鳊属。俗称：鳊鱼，长春鳊，草鳊，油鳊，长身鳊。体侧扁，呈菱形，体长为体高的 2.5~2.9 倍。头小，近似三角形，头后背部隆起。口小，前位。腹棱完全，从肛门直到胸鳍下方。咽齿 3 行，齿细长而侧扁，顶端稍呈钩状。无须。背鳍具强大光滑的硬刺，臀鳍鳍条较多，基部很长。体背部深青灰色，其他部分银白色；每个鳞片的后部有一宽黑斑，各鳍灰黑色。

生活范围较广，不论静水或流水都能生存。成鱼多栖居于水的中下层，尤其喜欢在河床上有大岩石的流水中活动。幼鱼喜栖息在浅水缓流处。鳊为草食性鱼类，主要食物有水草、硅藻、丝状藻 ，亦食少量浮游生物和水生昆虫。摄食强度随季节有所变化，成鱼一般在冬季和春初摄食藻类和浮游动物，4—8 月摄食水生高等植物、植物种子、湖底植物的残渣，其次是藻类和无脊椎动物。冬季很少摄食，春季从 3 月开始增大食量，夏季强度最大。性成熟年龄因地区而异，长江流域为 2 龄，北方为 3~4 龄。繁殖期 5—8 月，在河流或湖泊的流水中繁殖，卵灰青色，漂流性。

8. 团头鲂（*Parabramis amblycephala*）

属鲤形目，鲤科，鲌亚科，鲂属。俗称：团头鳊，平胸鳊。体侧扁而高，呈菱形，体长为体高的1.9~2.3倍。腹棱不完全。口前位，上下颌皆有锐利的角质边缘。咽齿3行。鳔3室，中室最大。背鳍棘一般短于头长。臀鳍长，具27~32根分枝鳍条，尾柄长小于尾柄高。体背部青灰色，两侧银灰色，体侧每个鳞片基部灰黑，边缘黑色素稀少，使整个体侧呈现出一行行紫黑色条纹，腹部银白，各鳍条灰黑色。

团头鲂仅分布于长江中、下游附属中型湖泊，是一种适应于湖泊静水水体繁殖生长的鱼类，多生活于水的中下层。产卵期5—6月，卵具黏性，产出后附着在水草或者其他物体上。幼鱼主要以枝角类和其他甲壳动物为食；成鱼摄食水生植物，以苦草和轮叶黑藻为主，还食少量浮游动物。

生长速度较快，当年鱼体长可达120~230mm，最大个体可达3kg左右，因其为草食性，且能在静水中繁殖，目前已在全国各地人工养殖。团头鲂肉质细嫩、腴美，脂肪丰富。每百克可食部分含蛋白质20.8g，脂肪15.8g，碳水化合物0.9g，热量229kcal，钙155mg，磷195mg， 铁2.2mg，堪称上等鱼类。

9. 黄颡鱼（*Pelteobagrus*）

属鲶形目，鲿科，黄颡鱼属。俗称：黄角丁，黄骨鱼，黄沙古，黄蜡丁，刺黄股，汪丁头等。体长，腹面平，体后半部稍侧扁，头大且扁平。吻圆钝，口裂大，下位，上颌稍长于下颌，上下颌均具绒毛状细齿。眼小，侧位，眼间隔稍隆起。须4对，鼻须达眼后缘，上颌须最长，伸达胸鳍基部之后。颌须2对，外侧一对较内侧一对为长。体背部黑褐色，体侧黄色，并有3块断续的黑色条纹，腹部淡黄色，各鳍灰黑色。背鳍条6~7，臀鳍条19~23，鳃耙外侧14~16，脊椎骨36~38。背鳍部分支鳍条为硬刺，后缘有锯齿，背鳍起点至吻端较小于至尾鳍基部的距离。胸鳍硬刺较发达，且前后缘均有锯齿，前缘具30~45枚细锯齿，后缘具7~17枚粗锯齿。胸鳍较短，这也是和鲶鱼不同的一个地方。胸鳍略呈扇形，末端近腹鳍。脂鳍较臀鳍短，末端游离，起点约与臀鳍相对。进食较凶猛。黄颡鱼类的背鳍刺和胸鳍刺均有毒腺，为淡水刺毒鱼类中毒性较强的鱼类之一。被刺后立即发生强烈灼痛，常因穿刺造成撕裂伤、出血、局部肿胀、并引起发烧，患处剧痛半小时至1小时始止。

多在湖泊静水或江河缓流中底栖生活，尤喜生活在具有腐败物和淤泥的浅滩处。白天潜伏于水体底层，夜间浮游至水上层觅食，冬季多聚在支流深水处。对环境的适应能力较强，在不良的环境条件下也能生活。

黄颡鱼是一种典型的广食性鱼类，幼鱼主要食浮游动物和水生昆虫的幼虫，成鱼以小鱼和无脊椎动物为食。黄颡鱼 2 龄达性成熟。每年 5—7 月，雄鱼游至沿岸地带水草茂密的淤泥黏土处（水深 8~40cm），利用胸鳍刺在泥底上断断续续地转动，掘成一个小小的泥坑， 即为产卵的鱼巢。雄鱼筑巢后即留在巢里，等候雌鱼到来，在巢里进行产卵受精。产卵活动多在气候由晴朗转变成阴雨的夜间进行。雌鱼产过卵后即离巢觅食，只有雄鱼在巢附近守护发育中的卵和仔鱼，直到仔鱼能离巢自由游动时为止（7~8 天）。

黄颡鱼分布广，除西部高原外，全国各水域均有分布。它个体虽较小，但产量大。肉质细嫩，无小刺，多脂肪，其蛋白质含量为 16.1%，脂肪为 0.7%，是我国常见的食用鱼类。黄颡鱼属的种类较多，黄颡鱼的种类颇多，常见种还有长须黄颡鱼（*Pelteobagras eupogon*）、瓦氏黄颡鱼（*Pelteobagras vachellii*）、光泽黄颡鱼（*Pelteobagras nitidus*）等。

（三）鱼苗的选择与放养

待莲藕栽植后，选择体质健壮、无病、规格整齐的优良苗种进行放养。选取合适的放养密度。放养前，鱼苗用 3%~4%食盐水或 15~20 mg/L 的高锰酸钾溶液浸洗消毒。无温差放养也是提高鱼苗成活率的有效措施之一。放养前，最好用温度计测量苗水温度后，慢慢加注田水，直至种苗水温度与田水温度一致后再放入田块。

（四）日常管理

投饵方面，一般田块中杂草、昆虫、浮游生物、底栖生物等天然饵料较多，每公顷可形成 150~300kg 的天然鱼产量，但要达到 1 000kg 以上的鱼产量，则必须采取投饵的措施。日投饵率控制在鱼体重的 1%~3%，一般在 8:00~9:00 以及 14:00~16:00 各投一次，盛夏时节的投喂可改在 17:00~18:00 进行。无论使用单一饲料或配合饲料，其质量均应符合国家规定的饲料卫生标准。不得使用霉变、受农药或其他有害物质污染或变质的饲料。在饲料中添加的矿物质、维生素和油脂，其质量应符合国家规定。添加量应符合专业（行业）或地方标准规定的值或标准中推荐值。

水质管理方面，每 10 天加水一次，每次加水深度 15~20cm。保持水质肥、活、爽。高温季节和水质过浓时要根据池塘水质状况随时换水，以保持水质的清新稳定。每次换水量一般不超过池塘中原有水量的 1/3。另外，定期消毒和调节水质，每 15 天四面沟泼洒一次生石灰进行消毒，每公顷每次用生石灰 225~300kg。每隔 30 天泼洒 1mg/L 漂白粉液 1 次，并且每月施用光合细菌、芽孢杆菌等微生物制剂 1 次，以调节水质。

病害防治方面。定期用生石灰或漂白粉对池水进行消毒，生产中所用的工具每周用 100mg/L 的高锰酸钾浸洗消毒 2~3 次。

图 3-2　2012 年 12 月，浙江北部湾湿地农业生态科技有限公司种养结合试验区捕捞藕田中套养的瓯江彩鲤，进行测产

图 3-3　套养的瓯江彩鲤

日常需要做好池塘日志，每天应坚持早、晚两次检查田块，检查防逃设施和进、排水口，及时修补漏洞。若有异常变化，及时采取调节和改良措施。观察养殖水产动物的吃食和生长情况，及时调整投饵量。对养殖过程中发现的病死动物要及时清除并进行集中无害化处理。

（五）捕捞收货

根据市场需求，选择适宜的网具及捕捞方式收获上市。

（六）藕田养常规鱼类实例

以浙江省嘉兴市秀洲区藕田套养瓯江彩鲤模式为例，每公顷放养规格为50g左右大小的瓯江彩鲤9 000尾，成活率按90%计，平均每公顷鱼产量为2 250kg，光水产品产值就达到3.75万元（图3-2，图3-3）。

二、藕田套养泥鳅模式

（一）鳅科（Oobitidae）鱼类的生物学特性

小型底层鱼类。体延长呈圆筒状。口小，下位。口须3~5对，上颌边缘仅由前颌骨组成。咽齿1行，数目较多。鳔小，前端被骨囊所包，后端退化或甚小。喜欢栖息于静水的底层，常出没于湖泊、池塘、沟渠和水田底部富有植物碎屑的淤泥表层，对环境适应力强。当水缺氧时，还可进行肠呼吸。当天气闷热或池底淤泥、腐植质等物质腐烂，引起严重缺氧时，泥鳅也能跃出水面，或垂直上升到水面，用口直接吞入空气，而由肠壁辅助呼吸，当它转头缓缓下潜时，废气则由肛门排出。每逢此时，整个水体中的泥鳅都上升至水面吸气，此起彼伏，故西欧人对它有“气候鱼”之称。冬季寒冷，水体干涸，泥鳅便钻入泥土中，依靠少量水分使皮肤不致干燥，并全靠肠呼吸维持生命。待次年水涨，又出外活动。以各类小型动物为食。分批产卵，受精卵黏附在水草上孵化。浙北地区养殖品种主要为青鳅和台湾鳗鳅。

青鳅（俗称泥鳅、圆鳅）。体为长圆柱形，尾部侧扁，口下位，呈马蹄形。口须5对，上颌3对，较大，下颌2对一大一小。尾鳍圆形，鳞片细小，埋于皮下。体背及背侧灰黑色，并有黑色小斑点。体侧下半部白色或浅黄色，尾柄基部上方有一黑色大斑。体表黏液较多，头部尖，吻部向前突出，眼和口较小。为国内市场上主要销售的品种之一。

台湾鳗鳅源自中国台湾台南县。远古时代，台湾与大陆相连，后来因地壳运动，相连接的部分沉入海中，形成海峡，出现台湾岛，就是因为台湾海峡的隔断，形成了不同的地理特征以及不同的品种，台湾鳗鳅就是在这样的大环境下，经历千百年慢慢的进化而来。形体比普通的泥鳅大 3~4 倍，可达 16~20cm 长。它体形圆，皮下有小鳞片，颜色青黑，须 5 对。鳞极其细小，圆形，埋于皮下。体背部及两侧灰黑色，全体有许多小的黑斑点，头部和各鳍上亦有许多黑色斑点，背鳍和尾鳍膜上的斑点排列成行。营养价值很高，食用口感很好，既有鳗鱼的味道也有泥鳅的味道。

（二）苗种放养与捕捞

待莲藕栽植后放养鱼种，每公顷放养 2.5~5.0g 大小的泥鳅 24 万~57 万尾。苗种要求体质健壮、无病、规格整齐。放养前用 5%食盐水或 15~20mg/L 的高锰酸钾溶液浸洗消毒。无温差放养是提高泥鳅种成活率的有效措施之一。泥鳅种苗放养前一定要注意温差，特别是利用地下水进行灌溉的莲藕田，最好用温度计测温后，慢慢加注莲藕田的水，直至泥鳅种苗水温度与田水温度一致后再放入藕田。捕获时采用虾笼饵料诱捕，即把炒香的糠或麦皮放在虾笼内，将虾笼置于鱼沟内诱鳅入笼。也可采用干田捕捉，即慢慢放干田水，使泥鳅集中到鱼沟内或藕田裸露处捕捉（图 3–4~图 3–6）。

图 3–4　浙江北部湾湿地农业生态科技有限公司莲藕套养泥鳅模式

图 3–5　放养泥鳅苗

图 3–6　捕获的泥鳅

（三）日常管理措施

饲料投喂，放养 1 周后开始投饲。每天投喂 2 次炒麦麸和少量蚕蛹粉，早晚各投喂 1 次，时间为 9:00 和 14:00，饵料投喂量为泥鳅重量的 3%~5%。待泥鳅正常摄食后，主要投喂麦麸、豆饼、蚯蚓和混合饲料。开始时采用撒投法，将饵料均匀地撒在水面上，以后逐渐集中投饵在食台内。投饵要坚持“四定”（定时、定质、定量、定位）、“四看”（看季节、看天气、看食欲、看活动）和“四防”（防旱、防逃、防病、防鸟）原则，阴雨、闷热天气适当减少投饵量。

泥鳅抗病力很强，极少生病。日常做好藕田、水体、生产工具的常规消毒，可有效预防病虫害的发生。

（四）藕田套养泥鳅实例

以浙江省嘉兴市秀洲区莲藕套养泥鳅模式为例。每公顷放养 4g 左右大小的泥鳅苗种 900kg，泥鳅成活率按 90%计，平均每公顷鱼产量为 6 240kg，水产品产值达 22.17 万元。

三、藕田套养乌鳢模式（图 3-7~图 3-9）

（一）乌鳢（*Ophicephalus argus*）的生物学特性

属鲈形目，攀鲈亚目，鳢科，鳢属。俗称：黑鱼、才鱼、乌鱼、乌棒、蛇头鱼、生鱼。体细长，前部圆筒状，后部侧扁。头尖而扁平，颅顶、颊部及鳃盖上均覆盖着鳞片。口大，端位，下颌稍突出。上下颌、犁骨、口盖骨均具尖锐的细齿。咽头上方有一宽大的鳃上腔，能呼吸空气。背鳍和臀鳍基部都很大，尾鳍圆形。体色暗黑，体侧有许多不规则的黑色花斑，头侧有 2 条纵横的黑色条纹，背鳍、臀鳍及尾鳍上都有黑色相间的条纹；胸鳍和腹鳍浅黄色，胸鳍基部有一黑斑点。

乌鳢为底栖肉食凶猛性鱼类，平时喜生活在沿岸泥底水草丛生的浅水区，潜伏在水草中等待时机追捕食物，夜间有时在水的上层游动。平时游动缓慢，在缺氧的水体中能借助鳃上腔的辅助呼吸器，不时将头斜露出水面进行呼吸，而且在喉部上方凹陷处贮藏着一定量的气体。当离开水体后还能存活相当长的时间。冬季在深水处，把身体埋在淤泥中越冬，一般很少摄食。春、秋季为摄食旺季，产卵期亲鱼基本不摄食。性凶猛，仔鱼以浮游动物为食；幼鱼以水生昆虫、小虾和小鱼为食；成鱼则捕食其他鱼类。乌鳢长至 2 龄可达性成熟，怀卵量为 1.4 万~3.4 万粒。 亲鱼于 5—7 月在长有茂盛水草的静水浅滩处繁殖。乌鳢生长速度较快，最大个体长可达 700mm，重达 5kg 左右。

乌鳢含肉量高，肉白嫩鲜美，富有营养，每百克肉含蛋白质 19.8g、脂肪 1.4g，为最佳熘鱼片原料。且乌鳍出水后不易死亡，死后肌体也不易腐烂变质，便于运输加工。

乌鳢分布极广，除西部高原地区外，从黑龙江至海南的河川、湖泊、水库、池塘等各种类型的水体皆产此鱼，国外产于朝鲜西、南部。

（二）苗种放养与捕捞

待莲藕栽植后放养鱼苗。每公顷放养规格为 125g 左右的乌鳢鱼苗 22.5 万尾。鱼苗放养前用 3%~4%的食盐水或 15~20mg/L 的高锰酸钾溶液浸洗消毒。

图 3–7　浙江北部湾湿地农业生态科技有限公司莲藕套养乌鳢模式

图 3–8　藕田改造

图 3–9　刚改造完成的浙江北部湾湿地农业生态科技有限公司藕–鱼模式试验池塘

捕捞时，逐步将藕田内水放干，使乌鳢集中到鱼沟内，然后进行捕捞，最后对藕田搜索一遍，将钻进底泥的乌鳢捞起。

（三）日常管理

投饲方面，饲料种类以配合饲料为主，投喂要做到“四定”，即定量、定时、定质、定位。投饲量的多少应根据天气情况、水温和乌鳢的摄食强度灵活掌握，量应控制在 1h 内吃完为宜，1 天投喂 2 次，9:00 和 15:00 各 1 次，盛夏时节下午的投喂可改在 17:00—18:00。

定期消毒。池水用生石灰或漂白粉进行消毒，生产中所用的工具每周用 100mg/L 的高锰酸钾浸洗消毒 2~3 次。

（四）藕田套养乌鳢实例

以浙江省嘉兴市秀洲区莲藕套养乌鳢模式为例。每公顷放养 125g 左右大小的乌鳢鱼苗 15 000 尾，成活率按 90%计，每公顷鱼产量 7 935kg，水产品产值达 13.5 万元。

四、藕田套养甲鱼模式

（一）中华鳖（*Trionyx Sinensis*）的生物学特性

属爬行纲，龟鳖目，鳖科，鳖属。俗称：甲鱼、团鱼等。体躯扁平，呈椭圆形，背腹具甲；通体被柔软的革质皮肤，无角质盾片。体色基本一致，无鲜明的淡色斑点。头部粗大，前端略呈三角形。吻端延长呈管状，具长的肉质吻突，约与眼径相等。眼小，位于鼻孔的后方两侧。口无齿，脖颈细长，呈圆筒状，伸缩自如，视觉敏锐。颈基两侧及背甲前缘均无明显的瘰粒或大疣。背甲暗绿色或黄褐色，周边为肥厚的结缔组织，俗称“裙边”。腹甲灰白色或黄白色，平坦光滑，有 7 个胼胝体，分别在上腹板、内腹板、舌腹板与下腹板联体及剑板上。尾部较短。四肢扁平，后肢比前肢发达。前后肢各有 5 趾，趾间有蹼。内侧 3 趾有锋利的爪。四肢均可缩入甲壳内。

中华鳖喜欢栖息在水质清新，底质为泥沙的湖泊、江河、池塘、水库、山涧溪流、沼泽地等水域的偏静处，并喜欢在泥滩上、岸边树荫下、岩石边水草茂盛的浅水处活动、觅食。中华鳖的活动规律和栖息环境随季节、气温的变化而变化。中华鳖喜静怕闹，易受惊吓，对声响和移动物体极为敏感，一遇风吹草动就会迅速潜入水中。同类之间常常也会因为争抢食物、配偶以及栖息场所而伸长头颈相互攻击、撕咬。另外，中华鳖的另一大特性就是晒背。天气晴朗、阳光强烈时，中华鳖会爬到安静的滩地、岩石上晒背。中华鳖是以动物性饵料为主的杂食动物，食性范围广。在野生条件下，刚孵出的稚鳖、幼鳖主要摄食大型浮游动物（枝角类、桡足类）、虾苗、鱼苗、水生昆虫以及寡毛类等底栖动物，也摄食少量植物碎屑。成鳖主要摄食鱼、虾、蛙、螺、蚌等，也摄食一些植物性饵料，如水草等。主要摄食方式为吞食。

成品中华鳖体重一般 1~2kg，主要分布于中国、日本、越南北部、韩国、俄罗斯东部，也被引入泰国、马来西亚、夏威夷等地。中华鳖在我国广泛分布，除西藏和青海外，其他各省均产，近年在新疆地区也发现有野生中华鳖。

（二）藕田准备

藕田选址选好后，在四周开挖一条宽 2.5~3.0m、深 1.2~1.5m 的围沟，作为甲鱼栖息、活动以及高温避暑的场所，再在中间挖一条 0.6~1.0m、深 0.6~1.0m、两头贯通的十字交叉形沟。在放养甲鱼苗前对沟泼洒生石灰消毒。另外，每个藕塘于两边各设置 3 个面积 $1m^2$ 左右的固定食台供甲鱼取食。对田埂进行加固或者硬化，田埂高出藕田最高水面 0.4~0.6m。用彩钢板或水泥板对藕田进行围隔，以防止甲鱼外逃及敌害动物进入藕田内。彩钢板或水泥板底部埋入土中，转角成圆角，接口处平整无缝隙。放养前每公顷用生石灰 1 125~2 250kg 溶解化浆后全池泼洒，彻底清塘消毒。一般清塘消毒 7~10 天后向池塘内注水 50cm。

（三）苗种放养与捕捞（图 3–10）

待莲藕栽植后放养鱼种，每公顷放养 200~500g 大小的甲鱼苗 3 000~4 500 只。苗种要求行动敏捷、体质健壮、无病无伤、规格整齐。放养前用 3%~4% 食盐水浸洗，或用高锰酸钾药浴消毒。选择晴好的天气放养甲鱼苗，将甲鱼苗放到安静的岸边让其自行爬下水即可。在放养时可搭配少量鲢鱼、鳙鱼等，

图 3–10 放养甲鱼

图 3–11 捕获的甲鱼

以充分利用水体并营造良好的水体环境。捕捞时，逐步将藕田内水放干，人工清理捕获即可（图 3–11）。

（四）日常管理

饲料投喂方面，为保证甲鱼正常生长，需适量投喂饲料。饲料种类以动物性饲料（动物内脏、活螺蚬、小杂鱼等）为主，辅以适量配合饲料。还可在饲料中适当添加胡萝卜、青菜、果皮等新鲜果蔬。蚯蚓、小鱼、小虾、蚕蛹、黄粉虫、螺等可直接投于固定食台上；玉米、豆粉、麦麸、鱼粉等饵料要混合煮熟后投喂。投喂配合饲料时，料中粗蛋白质含量应达到 45%左右。通常先喂植物性饵料，后喂动物性饵料，也可将动、植物饵料与配合饵料混合投喂。方法是 1 份配合饵料加入 1%~2%蔬菜和 3%~5%动物油，再加 3~4 份绞碎的畜禽内脏或杂鱼肉，充分混合后捏成小团状投喂。投喂要做到“四定”，即定量、定时、定质、定位。投饲量的多少应根据天气情况、水温和甲鱼的摄食强度灵活掌握，量应控制在 2h 内吃完为宜，可按甲鱼重量 3%投料。1 天投喂 2 次，9:00 和 15:00 各 1 次，盛夏时节下午的投喂可改在17:00—18:00。投喂的饲料要求优质新鲜、营养全面、适口性强、易于消化吸收。不管投喂何种饲料，都不能往饲料中随意添加任何激素、促生长素或抗生素。为防止甲鱼病害发生，必要时可在饵料中添加磺胺类药物 0.1%、土霉素 0.1%，或和中草药拌匀、做成小团投喂。

定期用生石灰或漂白粉对池水进行消毒。喂食甲鱼的食台与生产中所用的工具也要定期消毒。鱼虾、螺蚌肉等饲料在投喂前均用5%食盐水浸洗消毒，食台每周用10mg/L的强氯精清洗1次，生产中所用的工具每周用100mg/L的高锰酸钾浸洗消毒2~3次。定期在饲料中添加中草药，以增强甲鱼的抗病能力。一般每千克饲料拌入10g中草药，每隔15天喂1次，连喂3次，可起到防病作用。药物使用必须符合《无公害食品渔用药物使用准则》(NY5071–2001)的规定。甲鱼捕捞前15天应停用任何药物。

（五）藕田套养甲鱼实例

以浙江省嘉兴市秀洲区莲藕套养甲鱼模式为例。每公顷放养400g左右大小的甲鱼4 500只，成活率按85%计算，每公顷甲鱼产量2 250kg，水产品产值达28.5万元。

第四节　菱塘养鱼模式

一、菱塘套养泥鳅模式

（一）菱塘的选择及改建（图3–12）

单个菱塘面积0.3~0.5hm^2，菱塘深度1.5~1.8m，灌排水分离，最好远离道

图3–12　菱塘的改造

路、村庄，无污染源。每个菱塘两角各设置一面积 3m² 左右的饲料台，饲料台周边有 10cm 左右的垂直沿，以防饲料团被泥鳅拱落水中，饲料台沉入水中 20cm 左右。在菱塘进排水口安装拦鱼网，以防泥鳅逃逸。利用冬季枯水季节，排干水，捞尽塘内杂草，割去塘埂四周枯草，冻晒底塘泥，达到消毒、灭菌、增温的作用。翌年 3 月中旬，用 1%的石灰水泼浇塘底以及塘埂四周，进行进一步消毒。

（二）菱角品种的选择与栽培

1. 菱角品种的选择

菱角宜选择产量、品质兼具的品种，如南湖菱和水红菱等。

（1）南湖菱。南湖菱是浙江嘉兴著名的传统特产，因其地处南湖而得名，属无角菱，又名馄饨菱、元宝菱、圆菱、和尚菱。菱盘直径 42cm 左右，叶片阔三角形，叶表全绿色，长 6.6cm，宽 9.7cm。叶柄黄绿色，长 17.1cm，横径 0.7cm。浮器长 3.0cm，横径 1.2cm。花白色，花梗横径 0.5cm。果的四角均退化，仅剩痕迹，一侧较平，一侧较凸，外形像元宝，果皮白绿色，皮薄易剥。果梗横径 1.1cm，果高 2.6cm，果宽 4.2cm，平均单果重约 13.8g，单果肉重约 7.4g。嫩菱质脆，汁多微甜，带糯性，适于做水果鲜食或炒食。老菱除供食用外，还可制淀粉。

（2）水红菱。江苏苏州地方品种。菱盘直径约 45cm，叶片阔三角形，叶表绿带紫褐色斑，长 5.9cm，宽 8.2cm。叶柄红褐色，长 15.7cm，横径 0.8cm，浮器长 3.2cm，横径 1.4cm。花白色，花梗横径 0.4cm。果四角锐尖，果皮紫红色，肩角短粗、上翘，腰角斜下伸，果梗粗 1.1cm，果高 2.6cm，果宽 5.7cm，平均单果重约 18g，单果肉重约 10.4g。早熟，分枝性中等。果肉含水量较多，甜、脆，宜生食，老果煮熟后也较粉，果壳薄而较软，品质优。采收期 8 月上旬至 10 月上旬。

2. 菱角栽培技术

（1）播种、移栽。采用直播或育苗移栽。4 月上中旬为南湖菱的播种期，播种前要清除水中青苔、杂草和野菱等杂物。取出菱种，剔除烂果，置清水中保湿，每公顷播 52.5kg，直播一般多用条播法。育苗移栽，选取避风向阳，水位 10~20cm、土壤肥沃的池塘作为育苗池。播后 50 天左右菱苗 3 叶 1 心时移栽。菱面积控制在池面积的 2/3 左右。

（2）水分和肥料管理。水分管理。播种至菱角出苗期，要建立水层管理，出苗后渐加深，中后期保持水层在 80~100cm，最高水位控制在 150cm 以内，若水位过高应及时排水，遇干旱水位偏低，要及时补水。在高温季节，要经常换水。

施肥。应少量分多次施用。菱盘形成期，每公顷追施45%三元复合肥375kg，促进开盘，第一次采果后每公顷追施尿素150kg，以后每采一次菱角，每公顷追尿素60~80kg。

（3）病虫防治。菱角的主要虫害有萤叶蝉和紫叶蝉，其中萤叶蝉是菱角的毁灭性害虫，其幼虫、成虫均以菱盘叶肉为食，不做好防治工作产量损失很大，重则失收。在防治萤叶蝉病时应禁止使用高毒、高残留农药。一般每公顷以90%晶体敌百虫1 500~2 250g对水150kg防治。如继续发生再改用各类酯类农药防治。

菱角的“白绢病”俗称“菱瘟”，也是一种常见的菱角真菌性病害，多在夏秋天气闷热、湿度大时发生和蔓延，主要危害叶片。一般养殖水产动物后，“菱瘟”发病率较轻。

菱褐斑病也是另外一种菱角常见的真菌性病害，夏季和秋季均可发病，引起菱叶早落。两种病害可用50%多菌灵500~1 000倍液或70%甲基托布津1 000~1 200倍液在发病初期防治。

（4）整理菱盘。一般在菱初花期检查菱塘，应在7月下旬高温季节到来之前，下水整理菱盘。及时剪去刚出水面、直径在20cm以下的小菱盘，注意不要伤及进入开花期的大菱盘，并将被风或动物掀翻、杂乱的菱盘理顺拨正，确保顺利开花结果。

（5）防除杂草。

菱塘的杂草有杏菜、槐叶萍和野菱等，定植前，应结合清理菱塘及时清除杂草和杂菱；定植后至封行前，宜人工除去杂草。

（6）收获。一般在8月底开始分批采摘，分批上市销售，至10月中旬基本结束。但采收时间因用途不同而异。

商品菱采收：果实已初步硬化，果表皮仍保持淡绿色，萼片脱落，用指甲掐刻果皮仍可轻度陷入，放水中上浮，采收后可直接上市销售。

种菱采收：果实已充分硬化，果皮呈黄绿色，果实和果柄的连接处已出现环形裂纹，二者极易分离，放水中下沉。

（三）苗种放养

于5月底至6月初放养泥鳅，泥鳅品种选用青鳅苗，规格为120尾/kg，每公顷放养18万~22.5万尾。放养前用3%~4%的食盐水或15~20mg/L的高锰酸钾溶液浸洗消毒。无温差放养是提高泥鳅种成活率的有效措施之一。泥鳅种苗放养前一定要注意温差，特别是利用地下水进行灌溉的菱塘，最好用温度计测温后，慢慢加注池水，直至泥鳅种苗水温度与池水温度一致后再放入菱塘。捕获时采用虾笼饵料诱捕，即把炒香的糠或麦皮放在虾笼内，将虾笼置于塘内诱鳅入笼。也可采用干塘捕捉（图 3–13）。

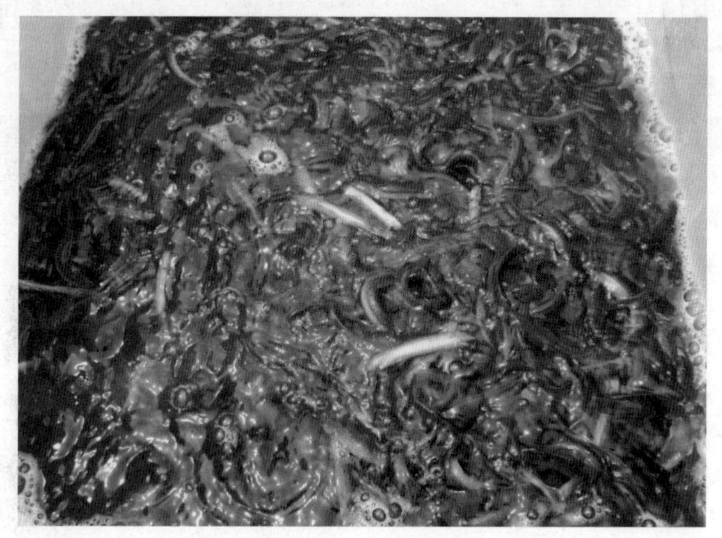

图 3–13　捕获的泥鳅

（四）日常管理

投饲。放养 1 周后开始投饵，每天投喂 2 次炒麦麸和少量蚕蛹粉，早晚各投喂 1 次，时间为 9:00 和 14:00，饵料投喂量为泥鳅重量的 3%~5%。待泥鳅正常摄食后，主要投喂麦麸、豆饼、蚯蚓和混合饲料。开始时采用撒投法，将饵料均匀地撒在水面上，以后逐渐集中投饵在食台内。投饵要坚持“四定”（定时、定质、定量、定位）、“四看”（看季节、看天气、看食欲、看活动）和“四防”（防旱、防逃、防病、防鸟）原则，阴雨、闷热天气适当减少投饵量。

水质管理。要保持水质肥、活、爽。高温季节和水质过浓时要根据菱塘水质状况随时换水，以保持水质的清新稳定。每次换水量一般不超过塘中原有水量的 1/3。另外，定期消毒和调节水质，每 15 天四面沟泼洒一次生石灰进行消毒，每次每公顷用生石灰 225~300kg。每隔 30 天泼洒 1mg/L 漂白粉液

1 次。

日常需要做好池塘日志，每天应坚持早、晚两次巡塘，检查防逃设施和灌、排水口，及时修补漏洞。若有异常变化，及时采取调节和改良措施。观察泥鳅吃食和生长情况，及时调整投饵量。对养殖过程中发现的病死泥鳅要及时清除并进行集中无害化处理。

定期消毒。池水用生石灰或漂白粉进行消毒，生产中所用的工具每周用 100mg/L 的高锰酸钾浸洗消毒 2~3 次消毒。

（五）菱塘套养泥鳅实例

以浙江省嘉兴市秀洲区南湖菱套养泥鳅模式为例。每公顷放养 4g 左右大小的泥鳅苗种 18 万尾，泥鳅成活率按 90%计，平均每公顷鱼产量为3 135kg，水产品产值达 7.5 万元。

二、菱塘套养乌鳢模式（图 3–14）

（一）苗种放养

5 月底至 6 月初放养乌鳢，鱼苗放养前，每公顷用生石灰 30kg 全塘泼撒消毒。每公顷放养规格 50g 左右大小的乌鳢鱼苗 3 000~5 000 尾，品种以杂交乌鳢苗为佳，以提高成活率。放养时，鱼苗用 3%~4%的食盐水或 15~20mg/L 的高锰酸钾溶液浸洗消毒。

（二）日常管理

投饲方面，饲料种类以配合饲料为主，投喂要做到“四定”，即定量、定

图 3–14　秀洲区油车港镇绿波岛农场大棚南湖菱套养乌鳢模式，8 月池塘南湖菱长势

时、定质、定位。投饲量的多少应根据天气情况、水温和乌鳢的摄食强度灵活掌握，量应控制在1h内吃完为宜，1天投喂2次，9:00和15:00各1次，盛夏时节下午的投喂可改在17:00—18:00。

定期消毒。池水用生石灰或漂白粉进行消毒，生产中所用的工具每周用100mg/L的高锰酸钾浸洗消毒2~3次消毒。

（三）菱塘套养乌鳢实例

以浙江省嘉兴市秀洲区南湖菱套养乌鳢模式为例。每公顷放养规格50g左右大小的乌鳢鱼苗3 750尾，泥鳅成活率按90%计，平均每公顷鱼产量为2 100kg，水产品产值达5.2万元。

三、菱塘套养甲鱼模式（图3-15）

（一）菱塘的选择及改建

单个菱塘面积0.3~0.5hm²，菱塘深度1.5~1.8m，灌排水分离，远离道路、村庄，无污染源。排水口和池周围均设防逃罩和围栏。防逃罩用铁丝网和聚乙烯网双层做成，围栏由高度为45cm的花铅组成，用木桩固定。花铅底部埋入土中，转角成圆角，接口处平整无缝隙。池底保留10~15cm厚的沙壤土。缓坡以1:2.5的坡度比与陆地带接壤，以方便甲鱼上岸活动、晒背和产蛋。冬季枯水季节，排干水，捞尽塘内杂草，割去塘埂四周枯草，冻晒底塘泥，达到消毒、灭菌、增温的作用。次年3月中旬，用1%的石灰水泼浇塘底以及塘埂四周消毒。

（二）苗种放养

每年5—8月，水温在25~32℃时放养甲鱼。选用自繁自育体质健壮、行动活泼、反应敏捷、无创伤的优质健康苗种，每公顷放养250~300g大小规格的甲鱼苗2 700~3 300只，雌雄分开放养。若要追求更好的品质，甲鱼养殖密度和苗种规格还需适当降低。选择晴天操作，放养时，甲鱼苗用3%~4%的食盐水或15~20mg/L的高锰酸钾溶液浸洗消毒。将甲鱼苗放到安静的岸边让其自行爬下水即可。在放养时可搭配少量鲢鱼、鳙鱼等，以充分利用水体，并营造良好的水体环境。捕捞时，逐步将菱塘内水放干，人工清理捕获即可。

（三）日常管理

投饲管理。为了改善甲鱼的肉质、确保其营养价值与野生甲鱼相接近，养殖全程投喂鲜活饲料。主要采用自然水体生态系统中所存在的或从外地采集的野生小杂鱼作为甲鱼的适口饲料。这些饵料先经清水洗净后，再用盐度为50%

图 3–15　秀洲区油车港镇绿波岛农场南湖菱套养甲鱼模式，南湖菱阶段长势

的盐水浸泡 5~10min，然后再用清水漂洗后投喂。鲜活饲料日投喂量为甲鱼体重的 5%~10%。当水温为 18~20℃时，每两天投喂 1 次；当水温达到 20~25℃时，每天投喂 1 次；当水温在 25℃以上时，分别在每天 9:00 和16:00 各投喂 1 次。饲料应投喂在浮出水面的食台上。每次投喂量控制在甲鱼摄食 2h 之内，甲鱼摄食低于 1.5h 可适当增加，超过 2h 应减少。投喂后尽量减少人员走动，

让鳖在较安静的环境下摄食。同时投喂饲料时应遵循“定时、定点、定质、定量”四原则。

水质的好坏对甲鱼的最终品质有重要影响。水体一般为黄绿色或茶褐色。养殖过程中用生石灰定期消毒，每年5—10月用外源优质水换水，定期用生石灰全池泼洒，调节水质。在养殖水体中种植水生植物，有利于吸附水体中的营养物质，从而给甲鱼养殖始终保持一个卫生、安全的养殖水体环境。

病害防治。坚持“防重于治，防治结合”的原则，养殖过程中采取限制养殖密度，推广科学混养，提倡健康养殖与生态综合防治，合理使用生物制剂和中草药控制病害的发生。为保持甲鱼在整个养殖过程中生态、健康的生长环境，平时每15~20天对养殖池塘进行消毒一次。发现病害立即查明原因，做到正确诊断，对症用药。同时对投喂的鲜杂鱼用消毒剂进行严格消毒，防止病从口入，最大限度减少疾病的发生，从而减少养殖过程中用药量。在养殖过程中一旦发现病鳖及时采取隔离措施，查明病因，对症下药。

养殖期间坚持每天早晚巡塘检查，注意观察甲鱼的摄食及活动情况、水质有无异常等，检查各项防逃设施是否完好、池塘周围有无敌害出现。养殖过程中要勤除杂草，清除残饵及污物，打扫饲料台并及时消灭敌害。同时在养殖过程中应做好养殖日志记录，发现问题应及时备案并采取措施。

（四）捕捞收获

菱角在每年8月集中采摘上市，通过人工采摘的方式进行采集，甲鱼的集中捕捞时间为12月下旬至2月初的春节前后，采取脚踏和翻泥捕捞法相结合。先将池塘内水排至20cm深，然后边捕捉、边将池水搅浑，再将池水全部排干，人不再入池，等到夜晚，泥沙中的甲鱼会全部爬出。此时可用灯光照捕，一般可一次捕尽。

（五）菱塘套养甲鱼实例

以浙江省嘉兴市秀洲区南湖菱套养甲鱼模式为例。每公顷放养150~250g大小规格的甲鱼苗1 875只，甲鱼成活率按85%计，平均每公顷鱼产量为1 575kg，水产品产值达24.9万元。

第五节　稻田养鱼模式

一、稻田养青虾模式

（一）稻田的选择与整理

选取生态环境良好、土壤肥沃、无污染，同时交通便利，进排水、管护方便的田块，单块稻田一般 0.67 hm^2 左右。为满足稻田浅灌、烤田、施肥等生产及青虾对生活环境的需求，需在稻田四周开挖一条宽 2m、深 1~1.5m 的沟槽，沟槽面积约占稻田总面积的 15%左右。挖沟泥土则用于田埂加高、加宽、加固等，使田内水层最高能达 20cm 左右。泥土要打紧夯实以增强田埂的保水功能，并在主干道田头留下宽 3m 左右缓冲平台以作收割机下田之用，并在底部设置排水管。在稻田对角田埂上设置灌、排水口，使整个稻田的水顺利流转，灌、排水口设置防逃网，既能保证水流通畅，又可以防止青虾外逃。

（二）水稻品种的选择与栽培

1. 水稻品种的选择

水稻选择抗病性和抗逆性强的优质高产单季晚稻品种。以下是浙江省几个常用品种。

(1) 嘉禾 218。该品种系浙江省嘉兴市农业科学研究院（所）与中国水稻所合作选育的中熟偏早晚粳稻品种。2007 年通过浙江省农作物品种审定委员会审定，品种审定编号为浙品审字第 2007004 号。该品种叶色浓绿，叶片较长，剑叶上举；生长整齐，茎杆粗壮、包节；穗呈弯勾形，叶下禾，谷粒长，谷色黄，颖尖偶有短芒，着粒较稀，易落粒。嘉兴市两年区试平均全生育期 155 天，比对照短 5.0 天；平均每公顷有效穗 294 万，成穗率 70.0%，株高 92.3cm，穗长 18.5cm，每穗总粒数 112.5 粒，实粒数 97.3 粒，结实率 86.5%，千粒重29.2g。经省农科院植微所 2005~2006 年抗性鉴定，两年平均叶瘟 0.3 级，穗瘟 2.8 级，穗瘟损失率 4.1%；白叶枯病 7.0 级；褐稻虱 8.0 级。该品种米粒特长，粒长 7.0mm，外观米质透明晶莹，粒型长似“泰国米”，蒸煮米饭松软适口，食味特好，商品米可达国标一级，兼有泰国大米品质和东北大米的口味。在江浙沪及皖南等地推广，并实现了长粳米产业化开发，创立了杭州“天美”、嘉兴“禾欣”、湖州“清溪”、上海“老来青”等优质安全大米品牌，屡获浙江省农博会金奖、中国优质稻米博览交易会金奖。

产量表现：经 2004~2005 年嘉兴市单季晚粳稻区试，平均每公顷产量分别为 9 034kg 和 7 558.5kg，分别比对照秀水 63 减产 4.2%和增产 0.1%，分别达极显著和未达显著水平；两年市区试平均每公顷产量为 7 797kg，比对照秀水63 减产 2.1%。2006 年市生产试验平均每公顷产量 8 463kg，比对照秀水 63 增产 1.3%。

（2）嘉花 1 号。嘉花 1 号系浙江省嘉兴市农业科学研究院（所）育成的中熟晚粳稻品种。于 2003 年通过上海市农作物品种审定委员会审定，品种审定编号为沪农品审水稻（2003）第 065 号；2004 年通过浙江省农作物品种审定委员会审定，品种审定编号为浙审稻 2004018。该品种虽已审定多年，但因其品质好、产量高、抗病性强等特性目前仍为一些地区的主栽品种。属中熟晚粳偏早类型品种，矮秆包节，耐肥抗倒，分蘖力中等，穗大粒多，米质优，丰产性好。两年嘉兴市区试，平均生育期 158 天，比对照秀水 63 短 2 天，平均每公顷有效穗 331.5 万，每穗总粒数 124 粒，结实率 92.5%，千粒重 25.8g。据浙江省农科院植保所 2002 年鉴定结果，叶瘟平均级 5.4 级，穗瘟平均级 3.0 级，穗瘟损失率 3.5%，白叶枯病平均级 4.3 级。据 2001 年农业部稻米及制品质量监督检验测试中心分析结果，整精米率 74.9%，垩白粒率 6.0%，垩白度 0.8%，碱消值 7.0 级，胶稠度 72m，直链淀粉含量 16.6%。

产量表现：经 2001 和 2002 两年嘉兴市单季晚粳稻区试，平均每公顷产量分别为 8 736kg 和 8 844kg，比对照秀水 63 增产 5.72%和 3.07%，均达极显著水平，两年平均每公顷产量 8 790kg，比对照增产 4.36%。2003 年嘉兴市生产试验，平均每公顷产量 7 858.5kg，比对照秀水 63 增产 6.31%。

（3）秀水 134。“秀水 134”系浙江省嘉兴市农业科学研究院（所）育成的中熟晚粳稻品种。于2010 年通过浙江省农作物品种审定委员会审定，品种审定编号为浙审稻2010003；2011 年通过上海市农作物品种审定委员会审定，品种审定编号为沪农品审水稻 2011 第 005 号。该品种叶片挺直，叶色较绿，叶姿较好，伸长节间一般 6 节，株高适中，一般株高在 95~97cm，生长整齐，茎秆粗壮，株型紧凑，叶鞘包节，感光性强，耐肥抗倒性强。穗直立，着粒较密，谷粒短圆，护颖，颖尖均为秆黄色，无芒，脱粒性中等。分蘖成穗率中等，产量结构三要素协调，有效穗数 330 万~345 万穗/hm^2，穗长 16cm，每穗总粒数 130 粒左右，结实率 95%左右，千粒重 26.5g 左右，生长清秀。综合抗性好，生育后期长势强，熟期转色好（缺点有二次灌浆过程）。5 月底至 6

月上旬播种，11 月上旬初成熟，11 月 10 日左右收割，全生育期 159 天，比秀水 128 迟熟 3 天左右，属中熟晚粳型品种。该品种适宜在浙江、上海市等地作单季稻和钱塘江以南连作晚稻种植，适应直播、机插、抛秧、机割等轻型栽培。

产量表现：浙江省生产试验平均每公顷产量 8 812.5kg。

（4）嘉 58。“嘉 58”是浙江省嘉兴市农业科学研究院（所）与中国科学院遗传与发育生物学研究所等单位杂交育成的我国第一个光身晚粳稻新品种，也是浙江省第一个带有淡香、直链淀粉含量低、食味软糯型的晚粳稻新品种。于 2013 年通过浙江省农作物品种审定委员会审定，品种审定编号为浙审稻 2013011。株型理想，矮秆直立，抗倒性强，分蘖力较强，叶片分布合理，穗期既耐低温又抗高温，结实率高，高产稳产。“嘉 58”属中熟晚粳类型，光滑毛刺少，俗称光身稻，田间操作、收割及翻晒风扬，减少了皮肤毛刺过敏伤害。“嘉 58”苗期起发快，叶色呈淡绿色，生长清秀。灌浆快，成熟一致，谷粒金黄色，移栽，直播或机插栽培均通用。“嘉 58”抗稻瘟病和条纹叶枯病，中抗白叶枯病。不抗褐稻虱和矮缩病，重发年份需注意防治。全生育期 158 天，每公顷有效穗数 268.5 万穗，穗长 15cm，每穗总粒数 132.8 粒，实粒数 126.9 粒，结实率 95.6%，千粒重 26~27g。

产量表现：2011 年参加浙江省单季晚粳区试，平均每公顷产量为 9 273kg，2012 年续试，平均产量为 9 268.5kg，2013 年在嘉兴市秀洲区承担的浙江省 0406 示范方 10.67hm^2，平均产量为 10 911kg。

（5）南粳 46。“南粳 46”是江苏省农科院粮食作物所用日本“关东 194”做父本、“武香粳14”做母本，经杂交配组于 2004 年选育而成的常规粳稻良种，系中熟晚粳水稻品种。于 2008 年通过江苏省农作物品种审定委员会审定，品种审定编号为苏审稻 200814；2009 年通过上海市农作物品种审定委员会审定，品种审定编号为沪农品审水稻（2009）第 003 号。全生育期 158 天左右，平均株高 105.8 cm，每公顷有效穗 297 万，穗长 14.9cm，每穗实粒数 129.0 粒，结实率 89.6%，千粒重 24.3g。株型紧凑，长势较旺，穗型中等，分蘖力较强，叶色中绿，群体整齐度较好，后期熟色较好，抗倒性较强；接种鉴定中感白叶枯病，感穗颈瘟，高感纹枯病；条纹叶枯病 2006~2007 年田间种植鉴定最高穴发病率 26.5%（感病对照两年平均穴发病率 70.5%）；米质理化指标据农业部食品质量检测中心 2007 年检测，整精米率 66.8%，垩白粒率 20.0%，垩白度 2.4%，胶稠度 83.0m，直链淀粉含量 15.0%，达到国标二级优质稻谷标准。

产量表现：2006~2007 年参加江苏省区试，两年平均每公顷产量 9 124.5kg，较对照武运粳 7 号增产 5.6%，两年增产均极显著；2007 年生产试验平均每公顷产量 8 859kg，较对照增产 3.0%。

2. 主要栽培技术

（1）适期播栽、合理密植。采用大田撒播，每公顷用种量 40~50kg。一般在 5 月底至 6 月上旬播种，合理密植，秧苗四至五叶期应注意疏密补稀，填补空缺。

（2）科学施肥。根据不同品种特点科学合理安排施肥。对于耐肥、抗倒，且生产上以提高品质为主的品种，栽培上要十分重视增施有机肥和钾肥，并适当控制氮肥用量。类似“嘉 58”等对磷、钾肥敏感的，重施磷、钾肥能有效增粒重，提高产量。

（3）水浆调控。科学水浆管理，掌握“前期浅水勤灌促进早发，中期干干湿湿强秆壮根，后期湿润灌溉活熟到老”的原则。

（4）防病治虫。种养结合模式条件下，尽量采用灭虫灯等物理防治措施，以减少农药的施用。若要施用农药，则应选用高效、低毒农药，且要对水稻叶面进行喷施。另外，定期在稻田中加入少量生石灰进行消毒。根据发病季节情况，以早预防、早治疗为原则，控制水稻病虫害的发生。

（三）青虾养殖技术要点

1. 青虾（*Macrobrachium nipponensis*）的生物学特性

青虾体形粗短，分为头胸部与腹部两部分，甲壳在头胸部称头胸甲，身体由20 节组成，头部 5 节，胸部 8 节，头胸部的体节已经愈合，共同演化成头胸部各器官和体节。腹部 7 节，第二腹节的侧甲边缘覆盖在第一和第三腹甲上，至体尾时渐细，尾节呈三角形演化成部分尾扇。除腹部第七节外，每个体节各有附肢一对。成体雄虾的第二对步足比雌虾强大。雌虾的生殖孔开口于第三对步足内侧，外观呈一小突起，生殖孔四周有刚毛。雄虾输精管开口于第五对步足基部内侧，第二腹肢的内肢内缘有一棒状突起，而雌虾却没有。从外部看，青虾的体色呈青蓝色，间杂有棕绿色的斑纹。头胸部和腹部分界明显，头胸部粗大，从腹部开始逐步细小。体外覆盖以坚硬的几丁质甲壳，体节之间有肌膜相连，头胸部前端中央延伸额剑，长度约为头胸甲长的 3/4，额剑上缘有 12~15 个齿，下缘有 2~4 个齿。头胸甲的前下侧部每侧各具 2 个刺。头胸甲在体侧形成鳃甲，鳃甲内为叶状鳃。体色的深浅常随生活的水质环境而起变化，水质清澈、透明度较高时，虾体色浅淡，在水肥透明度差的环境，虾体色变深发暗。

由于是一种纯淡水虾，几乎在全国各地都有分布，其中以河北白洋淀地区、江苏太湖一带所产的最为有名。在国外，只有日本有这种虾，所以学名也叫日本沼虾。青虾栖息场所不限于淡水水域，在沿海的低盐度水域中也能生存。现在该虾已经成为我国的著名淡水养殖虾。

2. 苗种的选择与放养

虾苗放养前 7~10 天，向稻田内注入新水，新水必须经过 80 目的聚乙烯网布过滤，以防杂鱼进入。每公顷稻田水体中施入经充分发酵的有机肥料 3.0~4.5t，全池泼洒，保持水体肥力，为水稻、虾的生长营造良好的水体环境。虾苗品种选用生长速度快、个体大、产量高、抗病力强的“太湖 1 号”青虾，“太湖 1 号”青虾比常规青虾生长速度提高 30%以上，单位产量提高 25%左右。

7 月中下旬，一般在水稻直播三叶期，放养虾苗，每公顷投放量为 30 万尾，虾苗规格为 400 尾/kg，体长 2.5~3.0cm。放养时间应选择在晴天的清晨，天气凉爽，避免水温过高及阳光直射，放养虾苗成活率高，有利于虾苗适应新环境。虾苗应在上风口放养，一次性放足，使其自然游散（图 3–16）。

3. 日常管理措施

青虾养殖对水质要求较高。在养殖过程中，可根据稻田水体透明度适时

图 3–16　稻田养青虾模式

追肥，调节水质。由于稻田里的水渗透或者蒸发，根据稻田中水量情况，一般每隔 7 天左右加水一次，每次加水深度为 10~15cm。发现缺氧时应及时注入新水，虾池水体透明度控制在 25~30cm。

低洼稻田套养青虾和精养池养青虾饵料有所不同。水稻田的天然饵料充足，青虾以天然饵料为主，颗粒饲料配合豆粕等混合料投喂为辅。投喂期为 7 月下旬到 11 月上旬，投喂坚持"四定"原则，即定时、定量、定质、定位，一般投喂 2 次/天，分别为 7:00 和 17:00 各 1 次，盛夏时节下午投喂可改在 18:00—19:00 时。投喂量应根据天气、水温及青虾的摄食量等因素灵活掌控，一般日投喂量控制在青虾重量的 3%~6%，上午投喂量为日投量的 30%，傍晚投喂量为日投量的 70%，以散投在四周浅水区及附着物上为佳。

坚持对稻田进行巡塘检查，观察水质变化、青虾的摄食和生长活动情况。发现异常情况，及时采取有效措施，同时做好记录。

定期消毒。定期用生石灰或漂白粉对稻田水进行消毒，生产中所用的工具每周用 100mg/L 的高锰酸钾浸洗消毒 2~3 次。投喂期间，每隔半月添加一定量的大蒜素拌饵，9—10 月，添加一定量的恩诺沙星拌饵。青虾捕捞前 15 天应停用任何药物。

4. 捕捞收获

第一茬青虾，待水稻收割后，一般在 11 月中下旬停食，至翌年 1—2 月，采用笼捕陆续捕捞商品虾上市。在稻田周边浅水区放置地笼，内置诱饵，每公顷放置 75~90 只，每天早上倒虾笼，每公顷产量可达 450kg，再将小虾苗留种继续生长。第二茬青虾，至第二年插秧前的土地闲置时间，前后养殖 5 个月，到次年 4—5 月陆续捕捞商品虾上市，每公顷产量约 300kg。

二、稻田养甲鱼、麻鸭模式

（一）稻田整理

选择开阔向阳，水资源丰富，土壤肥沃，无污染且交通便利，灌排水、看护方便的田块。稻田应满足水稻的正常生长，同时也要符合甲鱼、麻鸭的生长需要。单块田块面积一般以 1.3hm² 左右为宜。在稻田四周开挖一条宽 2m，深 1~1.5m 的环形沟槽。挖沟的泥土则用于田埂加高、加宽、加固等，泥土要打紧夯实以增强田埂的保水功能，并在主干道田头留下 4m 左右宽度的斜坡以做收割机下田之用。

在稻田四周位置，设置石棉瓦制成的甲鱼食台 2~3 个，考虑到甲鱼晒背和休息的需要，在田埂周围留有 0.5m 宽斜坡。在稻田一角搭建简易鸭棚供麻鸭栖息和喂食，避免喂食的饲料进入稻田土壤和水体，还能在水稻烤田时为鸭子提供活动场所。田埂四周安装好 0.7m 高的塑料板，将塑料板埋入田埂泥土，高出地面 0.5m，每隔 3m 用木桩固定。稻田四角转弯处的防逃墙做成圆弧形，并将顶部压沿内深，以防止甲鱼沿夹角攀爬外逃。稻田对角田埂设置灌、排水口，在灌、排水口安装双层不锈钢网片，既能保证水流通畅，也使整个稻田的水顺利流转，又可以防止甲鱼、麻鸭外逃。在田埂上设置第二重防护网，高 1.7m，做好防盗、防御敌害措施。

（二）甲鱼、麻鸭的养殖与管理

一般在水稻直播三叶期，放养甲鱼苗。放养前 7~10 天，每公顷泼洒 450kg 生石灰对稻田进行消毒，且放养时注意水温，水温在 20℃以上时可放养苗种。甲鱼苗种要求体质健壮，规格一般以 250g 左右为宜，大小基本一致，每公顷放养 750~900 只。在投放前，甲鱼苗采用 15~20mg/L 高锰酸钾溶液浸浴消毒 10~15min。放养时间应选择在晴天的清晨，将苗种放到安静的岸边让其自行爬行下水即可。

选择绍兴麻鸭。绍兴麻鸭是我国优良的蛋用型鸭种之一，有“禽中明珠”之称，它具有体型小、长大快、饲料省、产蛋多的特点。甲鱼苗放养 10 天后，放养鸭苗，以晴天为宜，放养 15~20 日龄的雏鸭，每公顷放养 150 羽左右为宜。

（三）日常管理

稻田水质要求不受污染、溶解氧高。根据稻田中水量情况，一般每隔 10 天左右加水一次，每次加水深度为 10~15cm，尤其是夏季高温季节发现缺氧和水质过浓时，应及时注入新水，保持水质清新稳定，一般控制水体透明度在 20~25cm。在整个水稻的生育期有两个烤田时期，分别是水稻分蘖末期的半个月和水稻收获前的一个月。烤田程度以水稻浮根泛白为宜。烤田期间，降低水位，保持环形沟内水深在 80cm 左右。越冬期间，环形沟水位在 80cm 左右，越冬后水位高出田面 20cm 左右。除烤田外，环形沟水位都保持在 120cm 以上，稻田水位保持在 20cm 以上。放水深度以鸭脚刚好能触到泥土为宜，以便鸭在活动过程中充分搅拌泥土，随着鸭的成长，水的深度也逐渐增加，整个田面都要保留水层。

甲鱼饵料主要以冰鲜小鱼为主，配合动物性饲料、鱼粉等混合料投喂。投喂坚持“四定”原则，即定时、定量、定质、定位。投喂期为 7 月中旬至

10 月中旬，25℃以下时停止喂食。一般每天投喂 2 次，分别为 7:00 和 17:00 各 1 次。投喂量应根据天气、水温及甲鱼的摄食情况等因素灵活掌控，一般日投喂量控制在鱼体重量的 5%~8%，上午投喂配合饲料，傍晚则投喂适量冰鲜小鱼。绍兴麻鸭则主要喂食小麦，7:30、16:00 各投喂一次。

日常需要做好日志，每天应坚持早、晚两次巡田，观察水质变化，及时换水。根据甲鱼、麻鸭的摄食和生长活动情况，及时调整投饵量。定期检查防逃设施和进排水口，发现异常情况，及时采取有效措施。

（四）捕捞

甲鱼经过高温露天养殖 2 年，规格达到 750g 左右时即可上市。根据市场需求捕捞，采用干捕法。麻鸭经 5 个多月的养殖，次年 1 月左右，采用人工捕捉上市，规格届时一般每只可达 2kg。

（五）稻田养甲鱼、麻鸭实例

以浙江省嘉兴市秀洲区稻田养甲鱼、麻鸭模式为例。每公顷套养 500g 大小的甲鱼 750~900 只，放养麻鸭 150~195 羽，甲鱼成活率按 90%计，麻鸭成活率按 80%计，每公顷可产甲鱼 315kg、麻鸭 300kg，仅养殖一项产值可达 9 万元。

三、稻田养甲鱼模式（图 3-17）

（一）甲鱼的养殖与管理

一般在水稻直播三叶期，放养甲鱼苗。放养前 7~10 天，每公顷泼撒

图 3-17　稻田养甲鱼模式

450kg 生石灰对稻田进行消毒，且放养时注意水温，水温在 20℃以上时可放养苗种。甲鱼苗种要求体质健壮、规格一般以 250g 左右为宜，大小基本一致。

放养密度根据需要合理选择，高密度养殖一般每公顷放养 2 250 只左右，生态低密度养殖一般每公顷放养 750~900 只。在投放前，甲鱼苗采用 15~20mg/L 高锰酸钾溶液浸浴消毒 10~15min。放养时间应选择在晴天的清晨，将苗种放到安静的岸边让其自行爬行下水即可。

（二）稻田养甲鱼模式实例

以浙江省嘉兴市秀洲区稻田养甲鱼模式为例。每公顷套养 500g 大小的甲鱼 750~900 只，成活率按 90%计，每公顷可产甲鱼 315kg，水产品产值达 6.2 万元。

第四章　低洼田种养结合模式的生态、经济和社会效益

——以嘉兴北部低洼田种养结合模式为例

近年来，在嘉兴市委市政府和秀洲区委区政府的高度重视下，在省市区三级农业技术推广基金会的支持下，结合当地实际，嘉兴市和秀洲区积极创新农作制度、农作模式、农作技术，2009 年开始对浙北低洼田进行了种养结合模式的探索，初步构建了莲藕套养鱼类、南湖菱套养鱼类等几种模式，获得了初步成功。

然而，浙北地区利用低洼田构建生态、高效种养结合模式、发展湿地农业，还存在一些技术难题，比如种养结合对生态环境和农产品质量安全的影响、种养结合的品种选择及其配套技术优化，这些问题如果得不到解决或回答，很大程度上将制约低洼田湿地农业的发展。迄今为止，国内尚无低洼田种养结合开发利用方面的研究报道，生产上也缺乏可供借鉴的经验和依据。

从 2011 年开始，在浙江省农业技术推广基金会以及浙江省科技厅、嘉兴市科技局等的立项资助下，浙江省嘉兴市农业科学研究院（所）与嘉兴市农业技术推广基金会和秀洲区农业技术推广基金会、秀洲区农业经济局及秀洲区北部三镇（王江泾、新塍、油车港）等合作，系统开展“浙北低洼田湿地农业种养结合模式创新与机理研究”项目研究。

通过构建实现“变水患为水利”的种养结合模式，系统研究低洼田发展湿地农业、应用不同种养结合模式后对生态环境和农产品质量安全的影响，比较分析其经济、生态和社会效益，在此基础上筛选适合嘉兴的低洼田种养结合模式，并在生产上推广应用。

1. 结合嘉兴实际，构建了藕–鱼、南湖菱–鱼共 9 种主要种养结合模式，制定了配套技术。通过 3 年系统研究、示范应用，筛选出了 4 种适合嘉兴北部低洼田发展湿地农业的种养结合模式，完善了配套技术，在秀洲区王江泾

镇、油车港镇和新塍镇5个农业园区建立面积百亩以上示范样板5个，并在生产上大面积推广应用。根据生产和市场需求，引进空心菜、水芹等水生作物新种类和新品种，筛选了适合不同用途的莲藕新品种，满足市场多样性需求，增加产品附加值。

2. 在国内首次开展了湿地农业不同种养模式对水、土壤和大气等生态环境影响的系统研究。通过连续3年定点研究，3年结果趋势一致。与一般水生作物单种或鱼类单养模式相比，种养结合模式总体上有利于改善水质，有利于改善大气质量；对底泥中氮磷钾、重金属含量无明显影响。还开展了种养结合对藕、菱生长发育和品质以及水产品品质的影响研究，结果表明，种养结合有利于提高莲藕、菱营养品质，对水产品的营养品质及食品安全性均无明显影响。项目成果形成了嘉兴北部发展湿地农业与“五水共治”相结合的新途径。

3. 比较分析了种养结合模式、水稻种植模式以及单种南湖菱、莲藕模式单位面积土地碳水化合物生产量和整体经济效益。与种植水稻相比，种养结合模式莲藕每公顷淀粉产量下降31.5kg，粗蛋白产量增加60kg，净效益增加16 227元；种养结合模式南湖菱每公顷淀粉产量下降2 272.5kg，粗蛋白产量下降202.5kg，经济效益产值增加45 660元。

4. 申请国家发明专利2项，其中专利“一种南湖菱塘中套养甲鱼的方法”获得授权。拍摄电视专题片一部。

据浙江省科技信息研究查新报告（201433B2105231）结论：该项目通过3年研究、示范推广，筛选出了4种适合嘉兴北部低洼田发展湿地农业的种养结合模式，并开展了低洼田湿地种养模式对水、土壤和大气等生态环境的影响，以及对藕、菱生长发育和品质以及水产品品质的影响，和种养结合模式单位面积土地碳水化合物生产量和整体经济效益的研究。上述研究除委托查新除委托单位，在所检其他相关文献中未见述及。

“浙北低洼田湿地农业种养结合模式创新与机理研究”成果，已获2014年浙江省农业厅技术进步一等奖以及2015年嘉兴市科技进步二等奖（图4-1，图4-2）。

本章内容主要基于“浙北低洼田湿地农业种养结合模式创新与机理研究”项目的研究、示范推广结果。

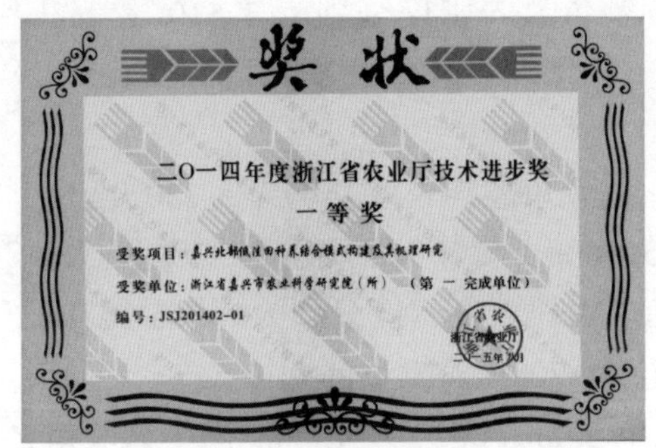

图 4-1　2014 年浙江省农业厅技术进步一等奖获奖证书

图 4-2　2015 年嘉兴市科技进步二等奖获奖证书

第一节　研究方法

一、试验地点

1. 浙江省嘉兴市秀洲区王江泾镇的浙江北部湾湿地农业生态科技有限公司（现已更名为浙江运河湾农业科技有限公司）园区（N30°52′32″，E120°43′46″）；

2. 浙江省嘉兴市秀洲区王江泾镇的忠保农产品专业合作社（N30°57′35″，E120° 44′12″）；

3. 浙江省嘉兴市秀洲区油车港镇的绿波岛农场（N30°54′05″，E120°45′58″）；

4. 浙江省嘉兴市秀洲区新塍镇桃园村的垚泉生态农场（N30°50′32″，E120°37′11″）。

二、试验设计

在2009和2010年两年预备试验基础上，设计选择了以下几种综合种养结合模式进行试验研究。

（一）2011年

1. 藕-鱼种养结合模式

（1）藕-瓯江彩鲤、鲫鱼（*Carassius auratus*）和黄颡鱼（*Pelteobagrus fulvidraco*）模式。瓯江彩鲤、鲫鱼、黄颡鱼放养密度分别为3 510尾/hm^2、3 855尾/hm^{2}和7 575尾/hm^2，不投饲。彩鲤、鲫鱼每尾重50~60g，黄颡鱼每尾重19~20g。

（2）藕-鲫鱼、黄颡鱼模式。鲫鱼、黄颡鱼放养密度分别为5 730尾/hm^{2}和6 630尾/hm^2，不投饲。鲫鱼每尾重50~60g，黄颡鱼每尾重19~20g。

（3）藕-黄颡鱼、泥鳅模式。黄颡鱼、泥鳅放养密度分别为5 565尾/hm^{2}和6 960尾/hm^2，不投饲。黄颡鱼每尾重19~20g，泥鳅每尾重4~5g。

（4）藕-泥鳅模式。设放养密度48万尾/hm^{2}和24万尾/hm^{2}两个试验组，均投喂饲料。泥鳅每尾重4~5g。

（5）藕-乌鳢模式。设810尾/hm^{2}一个处理，不投喂饲料。乌鳢每尾重50~100g。

莲藕品种为当地主栽的普通莲藕。

2. 南湖菱-鱼种养结合模式

（1）南湖菱-甲鱼模式。设4 500只/hm^2、750只/hm^{2}和3 450只/hm^{2}三个试验组，均投喂饲料。其中前两个试验组在油车港镇绿波岛农场进行，3 450只/hm^{2}在新塍镇桃园村垚泉生态农场进行，并另设置甲鱼单养3 450只/hm^{2}作为对照。甲鱼每只重约350g。

（2）南湖菱-乌鳢。设4 500尾/hm^2、2 250尾/hm^{2}两个试验组，投饲。乌鳢每尾重50~100g。

（二）2012年

1. 藕-鱼种养结合模式

（1）藕-甲鱼模式。设置6 100只/hm^{2}和3 300只/hm^{2}两个试验组，均投饲。甲鱼每只重250~350g。

（2）藕-泥鳅模式。设放养密度56.4万尾/hm^{2}和26.7万尾/hm^{2}两个试验组，均投喂饲料。泥鳅每尾重4~5g。

2. 南湖菱–鱼种养结合模式

（1）南湖菱–甲鱼模式。设 1 920 只/hm^2（甲鱼每只重约 430g）、1 845 只/hm^2（甲鱼每只重 830g）和 3 450 只/hm^2（甲鱼每只重约 275g）3 个试验组，均投喂饲料。其中前两个试验组在油车港镇绿波岛农场进行试验，3 450 只/hm^2 在新塍镇桃园村垚泉生态农场进行，另设置甲鱼单养 3 450 只/hm^2（甲鱼每只重约 275g）作为对照。

（2）南湖菱–乌鳢。设 1 260 尾/hm^2 一个处理，投饲。乌鳢每尾重约 800g。

（三）2013 年

1. 藕–鱼种养结合模式

（1）藕–甲鱼模式。设 9 900 只/hm^2 一个处理，投饲。甲鱼每只重 250g 左右。

（2）藕–泥鳅模式。设 800 000 尾/hm^2 一个处理，投饲。泥鳅每尾重 4~5g。

（3）藕–瓯江彩鲤模式。设 2 500 尾/hm^2 一个处理，不投喂饲料。瓯江彩鲤每尾重约 50g。

2. 南湖菱–鱼种养结合模式

（1）南湖菱–甲鱼模式。设 3 800 只/hm^2 一个处理，投饲。甲鱼每只重 650g 左右。

（四）2014 年

1. 藕–鱼种养结合模式

（1）藕–甲鱼模式。设 4 500 只/hm^2 一个处理，投饲。甲鱼每只重 1kg 左右。同时设单养甲鱼模式作为对照。

（2）藕–泥鳅模式。设 84 万尾/hm^2 一个处理，投饲。泥鳅每尾重 4~5g。

2. 南湖菱–鱼种养结合模式

南湖菱–甲鱼模式。设 3 800 只/hm^2 一个处理，投饲。甲鱼每只重 650g 左右。

（五）2015 年

1. 藕–鱼种养结合模式

（1）藕–甲鱼模式。设 4 500 只/hm^2（甲鱼每只重约 1kg）和 11 700 只/hm^2（甲鱼每只重约 400g）两个处理，投饲。

（2）藕–泥鳅模式。设 84 万尾/hm^2 一个处理，投饲。泥鳅每尾重 4~5g。

2. 南湖菱-鱼种养结合模式（图 4-3~图 4-8）

南湖菱-甲鱼模式：设 3 750 只/hm^2 一个处理，投饲。甲鱼每只重 500g 左右。

图 4-3　现场测定种养结合池塘水质

图 4-4　实地测定莲藕形态特征

图 4-5　实地考查和测定菱的生物学特性

图 4-6　南湖菱植株样品取样

图 4-7　夏季南湖菱生长旺盛时期实地测定形态特征以及生物量

图 4-8　现场测定种养结合区域大气负氧离子浓度

试验采用大区设计，每个处理面积 0.5hm^2。

藕-鱼模式中，种养结合藕田于四周挖一条深 1.2m，宽 1.2m 的围沟，中间挖一条宽 0.8m，深 0.8m，两头贯通的十字交叉形鱼沟。养殖甲鱼田块于两边各设置 6 个面积 1m^2 左右的固定食台，养殖泥鳅田块则于田块两角各设置一面积 3m^2 左右的饲料台，饲料台周边有 10cm 左右的垂直沿，以防饲料团被泥鳅拱落水中，饲料台沉入水中 20cm 左右。各试验田块于每年 1 月初左右，鱼类捕捞完后排干池水进行晒塘，至 2 月中旬左右再全塘泼洒生石灰进行消毒。消毒 1~2 周后放满池水。于 4 月上旬种植莲藕，11 月底开始采收，种养结合藕田不施肥，其他日常管理措施同当地常规莲藕栽培。藕田鱼苗则于 5 月上旬投放，鱼苗放养时，采用高锰酸钾药浴消毒。单养甲鱼的池塘以及莲藕-甲鱼模式田块中甲鱼日常以投喂动物性饲料为主，投放于固定食台上，每日早、晚各一次。莲藕-瓯江彩鲤模式不投喂饲料，而莲藕-泥鳅模式日常主要投喂鱼类内脏及宰杀后的下脚料等为主，将鱼类内脏及下脚料煮熟后直接定点泼洒于藕田一角落。各试验田块水产动物于次年 1 月份捕捞。

菱-鱼模式中，鱼塘深 1m，南湖菱于当年 4 月中旬播种，每公顷用种量为 45kg，菱盘开展期于鱼塘内扎菱栅，控制鱼塘菱覆盖面积约 50%。对照鱼塘除不放养鱼外，其余操作与种养结合池塘相同，但菱盘覆盖面积不作控制，南湖菱于 11 月份采收完。池塘鱼苗于 6 月上旬投放，次年 1 月份捕捞。

三、取样方法

每个试验池塘及各试验点养殖用水取水口处均各设置 1 个样点。每个样点主要测定指标包括水体 pH 值、溶解氧含量、电导率、藻类含量、总氮含量、铵态氮含量、总磷含量、化学耗氧量（CODcr）、五日生化需氧量（BOD_5）；底泥总氮含量、速效钾含量、速效磷含量以及底泥中砷、铅、镉、铜、锌、汞、铬、镍等重金属元素的含量。

2011 年 7—8 月，作物生长旺盛期，对不同种养结合模式区域大气负氧离子浓度进行了 3 次测定。测定时，每一试验区上方测定 3 次，取平均值。

在莲藕营养生长旺盛期、开花前期进行莲藕生物学性状调查，指标包括藕叶大小、叶柄长、单位面积叶片数等，每处理调查 20 株，取平均值；莲藕采收后，于每个藕塘收获的完整产品中，随机抽取 10 条整藕测量，主要性状包括全藕身长、藕节大小（最大藕节长、横径）、整条藕身重、最大藕节重。

南湖菱生物学性状于开花期前、营养生长完全时调查，主要包括菱盘开展度（漂浮水面的单个菱盘最宽处之宽度及与此直交处的宽度）、单位面积菱盘数、每菱盘叶数、叶片长宽等，每一性状指标调查20个数据，取平均值；于南湖菱采摘盛期，每鱼塘随机取南湖菱20个，测定南湖菱产品单果重，出果率等商品性状。

藕、南湖菱安全性指标及品质性状指标测定均按国家标准进行测定，产品于采收当天，按国家标准要求进行样品制备，农产品安全性检测标准参照农业部《农业部办公厅关于印发茄果类蔬菜等14类无公害农产品检测目录的通知》（农办质〔2011〕1号）文件规定无公害农产品中水生蔬菜的检测目录，增加了铜、锌两种元素，品质指标主要包括总淀粉含量、粗蛋白含量、氨基酸含量（鲜度）及脂肪含量。其中农残指标按照NY/T 761方法测定，无机砷含量按GB/T 5009.11-2003方法测定，重金属铅含量按GB 5009.12-2010方法测定，总汞含量按GB/T 5009.17-2003方法测定，镉含量按GB/T 5009.15-2003方法测定，铜含量按GB/T 5009.13-2003方法测定，锌含量按GB/T 5009.14-2003方法测定。品质指标中，总淀粉含量按GB/T 5009.9-2008方法测定，粗蛋白含量按GB 5009.5-2010方法测定，脂肪含量按GB/T 5009.6-2003方法测定，氨基酸含量按GB/T 5009.124-2003方法测定。

莲藕是全国栽培面积最大的水生蔬菜品种，其与水产养殖相结合的综合种养模式的发展速度、面积等均远在其他水生蔬菜之上，而关于这一模式开展的系统研究明显较少。底栖动物是水生态系统的一个重要组成部分，部分底栖动物本身具有很高的经济价值，可以作为水产动物的天然饵料，部分底栖动物还可作为环境监测的指示生物。

因此，2013年又对不同藕-鱼种养模式底栖动物群落特征进行了调查。于当年3月下旬莲藕定植前对各试验田块底栖动物进行第一次采样，此时即为应用种养结合模式前底栖动物状况，本书中统一定义为“种养结合前”时期。2013年8月中旬莲藕生长旺盛期以及2014年1月初鱼类刚捕捞后两个时期再次对各模式田块底栖动物进行采样。选择这两个时期主要是因为8月时，莲藕生长较为旺盛，但此时亦是水产动物生长旺盛时期，活动量、活动范围都很大，故对底泥的扰动影响很大。对于单养模式而言，此时底栖动物数量应是比较少的，而种养结合模式由于莲藕的存在底栖动物的变化趋势可能有所不同。种养结合藕田莲藕于10月下旬开始逐步枯萎，至11月底基本上莲藕茎叶已全部枯萎，此时采收莲藕，莲藕采收完后，甲鱼亦开始钻入底泥进入冬眠状态。由于莲藕采收的过程以及甲鱼冬眠钻入底泥过程均需翻动底泥对底栖动物影响较大，待 2014 年 1 月鱼类捕捞时再次对底栖动物进行一次采样。此时底泥性状已较为稳定，且捕捞时水位放至 10cm 左右，采样也较为方便。这两个时期均为应用种养结合模式后的时期，本书中统一定义为“种养结合后”时期，两个时期底栖动物的平均现存量特征即为应用种养结合模式后底栖动物的现存量特征。

底栖动物的采集分为定量采集和定性采集。定量样品用 1/16m^2 面积的彼德森采泥器采集，每一田块采集 3 次后将泥样混合，经 24 目/cm 的筛子筛洗后，置于白色解剖盘中分捡动物标本，并用 10%的福尔马林固定，然后进行种类鉴定、计数并称重。另外，采用彼德森采泥器结合 40 目手抄网增加围沟和田内随机采样，以进行底栖动物的定性分析。底栖动物湿重的测定方法是：先用滤纸吸干水份，然后在精确到 0.0001g 的电子天平上称量(其中软体动物为带壳湿重)。最后将密度和生物量数据换算成单位面积的含量。底栖动物鉴定水平大部分到属或种，鉴定参考相关文献（刘月英，1979；Brinkhurst，1986；Morse 等，1994；王洪铸，2002）进行。

四、水质评价方法

采用内梅罗指数法进行水质污染评价，并且考虑到传统的内梅罗污染指数法过于突出最大污染因子对水质污染的影响和未考虑权重因素的缺点故采用了内梅罗污染指数法的改进法（谷朝君等，2002； 马成有等，2006；李亚松等，2009；丁雪卿，2010）。计算公式如下：

$$P'j=\sqrt{(F'^2_{max}+F^2)\ /2}$$

其中，$F=\frac{1}{n}\sum_{i=1}^{n}\frac{C_j}{S_{ij}}$　　$F'_{max}=\frac{F_{max}+F_w}{2}$

式中：

P_j 为第 j 种用途的尼梅罗综合污染指数；F 为 c_i/s_{ij} 比值加和之后的平均值；F_{max} 为 c_i/s_{ij} 比值中最大的一项；F_w 为权重值最大的污染因子的 c_i/s_{ij} 比值；c_i 为第 i 种污染因子的实测浓度；s_{ij} 为第 i 种污染因子 j 种用途的标准值。

选取溶解氧、化学需氧量、5 日生化需氧量、氨氮、总氮、总磷这 6 项指标作为计算水质标准的参数。根据地表水环境质量标准（GB3838-2002），水产养殖区水质要求达到Ⅲ类水质，因此，以Ⅲ类水质标准作为评价标准。

同时，参考《内梅罗水质指数污染等级划分标准》对水质进行评价，P'_J<1，清洁；P'_J: 1~2，轻度污染；P'_J: 2~3，污染；P'_J: 3~5，重污染；P'_J>5，严重污染。

五、底栖动物多样性指数的计算方法

采用 Simpson 多样性指数和 Shannon-Wiener 多样性指数对种养结合前后底栖动物多样性进行评价。

Simpson 多样性指数计算公式：$D= 1-\sum(n_i/N)^2$。

Shannon-Wiener 多样性指数计算公式：$H= -\sum\ [(n_i/N)\ \ln\ (n_i/N)]$，$n_i$ 为单位面积样品中第 i 种的密度（ind·m^{-2}），N 为单位面积样品中收集到的底栖动物的总密度（ind·m^{-2}）。

采用 Shannon-Wiener 指数和 BI 指数（Hilsenhoff 生物指数）对各模式藕田的水质进行生物评价。

Shannon-Wiener 指数评价标准：指数值>3，清洁；2~3，轻度污染；1~2，中度污染；0~1，严重污染（吴东浩等，2011）。

BI 生物指数计算公式：$BI=\sum t_i\ (n_i/N)$，n_i 为第 i 个分类单元（通常为属级或种级）的个体数，N 为样本总个体数，t_i 为第 i 个分类单元的耐污值。底栖动物的耐污值主要参考王备新和杨莲芳（2004）、张跃平（2006）以及秦春燕（2013）的资料。

BI 生物指数评价标准：指数值<3.50，极清洁；3.51~4.50，很清洁；4.51~5.50，清洁；5.51~6.50，一般；6.51~7.50，轻度污染；7.51~8.50，中度污染；8.51~10，严重污染（Hilsenhoff，1987；胡成龙等，2014）。

六、数据分析

采用 Statistica 6.0 和 EXCEL 进行数据分析。

第二节　种养结合模式的生态环境效应

一、种养结合后池塘水质变化

（一）试验区水质与外河水质总体比较

图 4-9 为种养结合后试验区与外河 2011—2015 年连续 5 年的平均水质特

征的比较。从内梅罗指数上看，除 2014 年外，种养结合后，池塘水质均有所改善，虽然由于养殖鱼类后，投饵、消毒等原因使得水体有机污染有所加重，但水体氨氮、总氮、总磷含量均有明显降低。

2014 年试验区池塘水质劣于外河水质，这主要是因为北部湾湿地农业生态科技有限公司园区内莲藕–泥鳅模式试验池塘已连续两年未进行干塘清理，莲藕–甲鱼模式试验塘在 2014 年初也未进行清塘，因此池塘底泥中所富集的营养盐等又重新释放到水体中。具体各项水质指标特征见表 4–1。

1. 营养盐含量

种养结合后试验区总氮、氨氮、总磷含量与外河相比明显降低，这主要与水生作物对这些营养元素的吸收利用有关，有利于减轻水体富营养化趋势。

2. 化学耗氧量和生物耗氧量

种养结合后试验区化学耗氧量和 5 日生化需氧量相对于外河均有所升高。其主要原因，一方面试验区水相对为“死水”，加上水生作物本身代谢要释放有机物质；另一方面养殖鱼类后，随着投饲、消毒用药等，这些都会加重水体有机污染。

3. 溶解氧含量、pH、藻类含量

种养结合后试验区藻类整体较外河含量要高。这主要是因为夏季鱼类摄

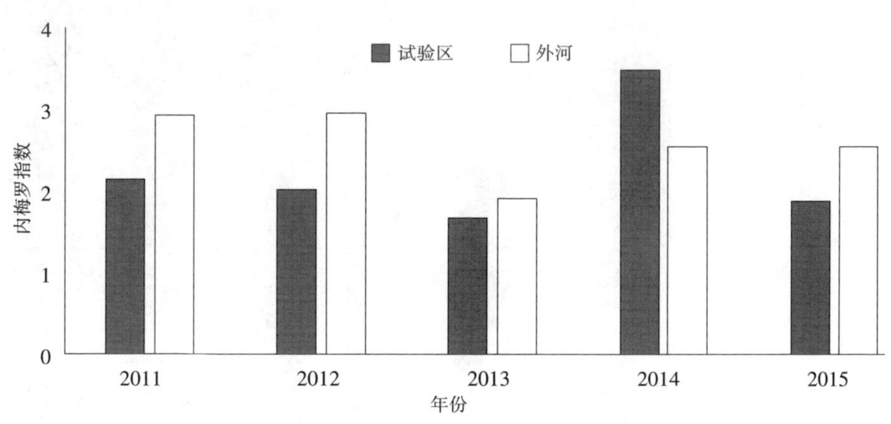

图 4–9　种养结合试验区、水稻田与各自外河水质比较

表 4–1　种养结合试验区、水稻田与各自外河水质特征比较

	2011 年		2012 年		2013 年		2014 年		2015 年	
	试验区	外河	试验区	外河	试验区	外河	试验区	外河	试验区	外河
溶解氧含量(mg/L)	4.58	3.22	5.26	2.96	6.27	3.20	9.53	7.77	8.52	7.40
pH值	7.75	7.49	7.69	7.51	7.98	7.73	7.99	8.07	7.92	7.79
电导率(微西门子/cm)	565	539	406	488	502	559	501	401		
化学耗氧量(mg/L)	59	44	62	41	48	45	70	45	38	45
5 日生化需氧量(mg/L)	5.50	4.01	6.65	5.11	7.07	6.43	8.25	5.05	7	7
藻类数量(个/L)	7.08×10^6	5.21×10^6	4.94×10^6	2.78×10^6	3.79×10^6	1.20×10^6	9.81×10^6	3.52×10^6	5.94×10^6	3.27×10^6
铵态氮含量(mg/L)	1.74	2.45	0.73	1.12	0.29	0.61	1.13	0.89	0.40	0.68
总氮含量(mg/L)	3.35	4.37	2.65	3.54	1.97	2.77	4.76	2.64	1.54	2.85
总磷含量(mg/L) .	0.26	0.51	0.26	0.73	0.24	0.30	0.66	0.65	0.45	0.60
内梅罗指数	2.14	2.89	1.98	2.92	1.65	1.88	3.46	2.51	1.85	2.51
污染等级	污染	污染	轻度污染	污染	轻度污染	轻度污染	重污染	污染	轻度污染	污染

食、活动旺盛，残饵多，水体氮磷含量较高，且水体相对为“死水”，在适宜条件下藻类大量繁殖。此外，试验区溶解氧含量以及 pH 值总体上较外河有所升高，溶解氧含量和 pH 值升高有利于水质改善。

（二）菱–鱼模式和藕–鱼模式池塘水质比较

图 4–10 及表 4–2 为 2011—2015 年连续 5 年藕鱼种养结合和菱鱼种养结合后试验区水质与各自外河水质比较。除 2014 年外，两种模式总体上水质均优于外河水质。藕鱼种养结合后，对水体氮、磷的去除效果较好，尤其是对磷的去除效果明显，因此水质得到明显改善。2011—2013 年，水质污染等级均下降了一个等级，2015 年略有下降；菱鱼种养结合后，试验区池塘水质虽有一定程度改善，但改善程度不明显。

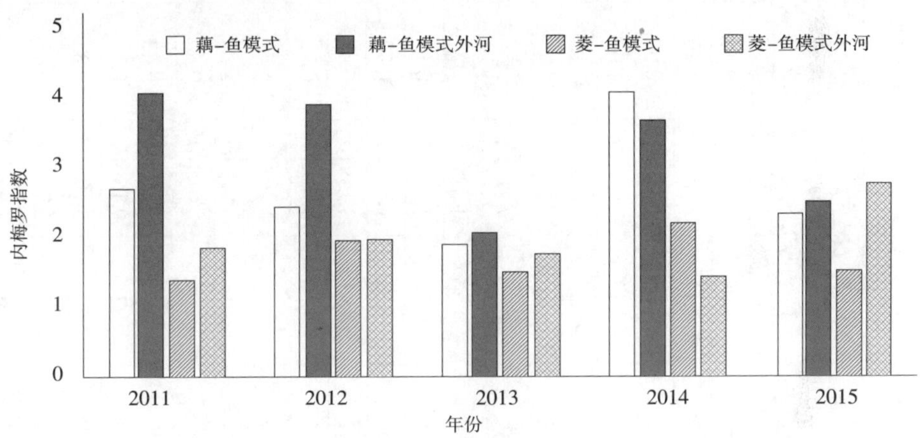

图 4–10　菱–鱼和藕–鱼模式水质与各自外河水质比较

表 4-2 藕-鱼和菱-鱼模式水质与各自外河水质比较

		溶解氧含量（mg/L）	pH值	化学耗氧量（mg/L）	5日生化需氧量（mg/L）	藻类数量（个/L）	铵态氮含量（mg/L）	总氮含量（mg/L）	总磷含量（mg/L）	内梅罗指数	污染等级
2011年	藕-鱼模式	5.62	7.68	82	9.04	8.44×10^6	0.85	3.19	0.38	2.64	污染
	藕-鱼模式外河	3.41	7.55	52	7.11	2.64×10^6	1.20	3.71	1.25	4.01	重污染
	菱-鱼模式	4.90	7.70	42	4.26	1.44×10^6	0.60	2.10	0.14	1.33	轻度污染
	菱-鱼模式外河	2.52	7.47	30	3.12	2.93×10^6	1.04	3.38	0.20	1.82	轻度污染
2012年	藕-鱼模式	4.86	7.74	59	5.09	6.27×10^6	2.15	3.68	0.31	2.37	污染
	藕-鱼模式外河	2.87	7.51	58	4.69	6.23×10^6	3.31	5.16	0.82	3.85	重污染
	菱-鱼模式外河	4.30	7.77	59	5.91	7.88×10^6	1.33	3.02	0.21	1.91	轻度污染
	菱-鱼模式	3.57	7.48	30	3.33	4.20×10^6	1.58	3.59	0.19	1.94	轻度污染
2013年	藕-鱼模式	8.08	8.02	54	7.13	4.43×10^6	0.10	2.43	0.27	1.84	轻度污染
	藕-鱼模式外河	2.11	7.64	57	7.36	1.81×10^6	0.50	2.91	0.34	2.03	污染
	菱-鱼模式	4.45	7.94	42	7.01	3.15×10^6	0.47	1.51	0.22	1.45	轻度污染
	菱-鱼模式外河	4.29	7.83	33	5.50	5.96×10^5	0.72	2.64	0.26	1.73	轻度污染
2014年	藕-鱼模式	9.07	7.91	78	8	1.16×10^7	1.45	6.94	1.02	4.05	重污染
	藕-鱼模式外河	8.10	8.02	53	7	6.08×10^6	1.24	3.28	1.09	3.62	重污染
	菱-鱼模式	9.99	8.07	62	8	8.01×10^6	0.80	2.57	0.30	2.15	污染
	菱-鱼模式外河	7.43	8.12	36	3	9.60×10^5	0.55	2.01	0.21	1.41	轻度污染
2015年	藕-鱼模式	7.45	7.86	43	7	9.16×10^6	0.31	1.54	0.66	2.29	污染
	藕-鱼模式外河	7.66	7.76	50	7	5.10×10^6	0.33	1.89	0.67	2.47	污染
	菱-鱼模式	9.58	7.98	33	7	2.73×10^6	0.48	1.54	0.24		轻度污染
	菱-鱼模式外河	7.13	7.82	41	8	1.43×10^6	1.03	3.80	0.52		重污染

（三）不同种养结合模式水质比较

表 4–3 至表 4–7 分别为 2011—2015 年不同种养结合模式之间水质特征的比较。从几年的试验结果看，藕–鱼模式总体上对水质的改善效果要好于菱–鱼模式。2014 年，两种模式的池塘上一年底均未进行清塘处理，故水质较外河变差。在所有种养结合模式中，莲藕–甲鱼模式、莲藕–乌鳢模式以及南湖菱–甲鱼模式总体上对水质的改善效果好于其他模式。

试验过程中，对生产上推广的四种主要种养结合模式进行了一年内随时间变化的水质比较。选取南湖菱–甲鱼、莲藕–甲鱼、莲藕–泥鳅以及莲藕–乌鳢四种模式，对其水质的月变化情况进行了分析（图 4–11 至图 4–13）。结果表明，在 8 月之前，种养结合池塘水质基本上优于外河水质，而从 9 月开始，随着莲藕、南湖菱叶片开始枯老、衰败并腐烂在水中，植物所吸收的氮磷等又重新释放到水体中，池塘水质又开始变差。因此，4 种模式 9—10 月池塘水质都相对较差。莲藕–甲鱼、莲藕–泥鳅这两种模式 7—8 月水质状况相比外河要差，这主要是因为这两种模式均需投饵，而投饵后水体有机污染程度加重，水体化学耗氧量和 5 日生化需要量均明显升高。此外，7—8 月适逢高温季节，鱼类摄食旺盛，排泄物的量也会增加，再加上摄食后的残饵，使得水体营养水平有所提高，这也是水质变差的重要原因。

表 4-3　2011 年不同种养模式池塘水质比较

种养类型	莲藕-彩鲤、鲫鱼、黄颡鱼	莲藕-鲫鱼、黄颡鱼	莲藕-黄颡鱼、泥鳅	莲藕-泥鳅	莲藕-乌鳢	藕-鱼模式外河	南湖菱-甲鱼	南湖菱-乌鳢	菱-鱼模式外河
溶解氧含量（mg/L）	5.07	5.06	5.50	5.55	5.06	3.47	5.37	4.53	4.37
pH 值	7.72	7.77	7.87	7.72	7.73	7.55	7.95	7.75	7.49
化学耗氧量（mg/L）	58	57	48	68	52	58	57	53	30
5 日生化需氧量（mg/L）	5.95	5.32	4.35	5.44	4.25	5.08	6.01	4.48	3.32
藻类数量（个/L）	2.86×10^6	6.17×10^6	4.97×10^6	1.28×10^7	2.46×10^6	4.95×10^6	3.78×10^6	7.49×10^6	3.41×10^6
铵态氮含量（mg/L）	1.64	1.53	1.64	1.76	1.20	3.01	1.07	1.17	1.61
总氮含量（mg/L）	3.51	3.11	3.25	3.73	2.41	5.07	2.87	3.28	3.78
总磷含量（mg/L）	0.23	0.24	0.22	0.27	0.36	1.33	0.16	0.18	0.18
内梅罗指数	2.15	2.00	1.99	2.34	1.96	4.75	1.77	1.90	1.99
污染等级	污染	污染	轻污染	污染	轻污染	重污染	轻污染	轻污染	轻污染

表 4-4 2012 年不同种养模式池塘水质比较

种养类型	莲藕–甲鱼（6 100 只/hm^2）	莲藕–甲鱼（3 300 只/hm^2）	莲藕–泥鳅（480 000 尾/hm^2）	莲藕–泥鳅（480 000 尾/hm^2）	藕–鱼模式外河	南湖菱–甲鱼（1 920 只/hm^2）	南湖菱–甲鱼（1 845 只/hm^2）	南湖菱–乌鳢	菱–鱼模式外河
溶解氧含量（mg/L）	4.59	5.63	5.17	4.41	3.41	5.03	4.12	3.86	2.52
pH 值	7.62	7.77	7.71	7.70	7.55	7.71	7.60	7.65	7.47
化学耗氧量（mg/L）	99	73	63	56	52	40	50	37	30
5 日生化需氧量（mg/L）	8.91	9.27	9.10	7.67	7.11	4.64	5.13	3.61	3.12
藻类数量（个/L）	1.42×10^7	9.07×10^6	6.24×10^6	2.18×10^6	2.64×10^6	1.04×10^6	4.37×10^6	4.98×10^5	2.93×10^6
铵态氮含量（mg/L）	1.13	0.80	1.25	1.11	1.20	0.67	0.80	0.76	1.04
总氮含量（mg/L）	4.00	2.55	3.54	3.38	3.71	2.18	2.46	2.10	3.38
总磷含量（mg/L）	0.45	0.33	0.34	0.35	1.25	0.13	0.17	0.12	0.20
内梅罗指数	3.13	2.35	2.40	2.28	4.01	1.35	1.58	1.27	1.82
污染等级	污染	污染	污染	污染	重污染	轻度污染	轻度污染	轻度污染	轻度污染

表 4-5　2013 年不同种养模式池塘水质比较

种养类型	莲藕–甲鱼（9 900 只/hm^2）	莲藕–彩鲤（2 500 尾/hm^2）	莲藕–泥鳅（800 000 尾/hm^2）	藕–鱼模式外河	南湖菱–甲鱼（3 800 只/hm^2）	菱–鱼模式外河
溶解氧含量（mg/L）	9.72	4.90	8.36	2.11	4.13	4.29
pH 值	8.15	7.99	7.94	7.64	7.81	7.83
化学耗氧量（mg/L）	59	44	53	57	45	33
5 日生化需氧量（mg/L）	6.98	6.08	7.86	7.36	7.83	5.50
藻类数量（个/L）	5.78×10^6	2.96×10^6	3.95×10^6	1.81×10^6	4.34×10^6	5.96×10^5
铵态氮含量（mg/L）	0.32	0.30		0.50	1.60	
总氮含量（mg/L）	1.04	2.53	2.51	2.91	1.92	2.64
总磷含量（mg/L）	0.27	0.17	0.25	0.34	0.20	0.26
内梅罗指数	1.88	1.55	1.99	2.03	1.60	1.79
污染等级	轻度污染	轻度污染	轻度污染	污染	轻度污染	轻度污染

表 4-6　2014 年不同种养模式池塘水质比较

种养类型	莲藕–甲鱼（4 500 只/hm^2）	莲藕–泥鳅（840 000 尾/hm^2）	藕–鱼模式外河	南湖菱–甲鱼（3 800 只/hm^2）	菱–鱼模式外河
溶解氧含量（mg/L）	8.60	9.54	8.10	9.99	7.43
pH 值	8.07	7.75	8.02	8.07	8.12
化学耗氧量（mg/L）	54	102	53	62	36
5 日生化需氧量（mg/L）	8.13	8.19	6.88	8.33	3.21

（续表）

种养类型	莲藕–甲鱼（4 500 只/hm^2）	莲藕–泥鳅（840 000 尾/hm^2）	藕–鱼模式外河	南湖菱–甲鱼（3 800 只/hm^2）	菱–鱼模式外河
藻类数量（个/L）	4.27×10^6	1.90×10^7	6.08×10^6	8.01×10^6	9.60×10^6
铵态氮含量（mg/L）	2.09	0.81	1.24	0.80	0.55
总氮含量（mg/L）	7.03	6.86	3.28	2.57	2.01
总磷含量（mg/L）	0.33	1.71	1.09	0.30	0.21
内梅罗指数	3.67	6.22	3.62	2.15	1.41
污染等级	重污染	严重污染	重污染	污染	轻度污染

表 4–7 2015 年不同种养模式池塘水质比较

种养类型	莲藕–甲鱼（4 500 只/hm^2）	莲藕–泥鳅（840 000 尾/hm^2）	藕–鱼模式外河	南湖菱–甲鱼（3 750 只/hm^2）	菱–鱼模式外河
溶解氧含量（mg/L）	7.04	7.87	7.66	9.58	7.13
pH 值	7.83	7.89	7.76	7.98	7.82
化学耗氧量（mg/L）	40.75	45	50	33	41
5 日生化需氧量（mg/L）	8.43	5.36	6.81	6.64	7.72
藻类含量（个/L）	1.56×10^7	2.76×10^6	5.10×10^6	2.73×10^6	1.43×10^6
铵态氮含量（mg/L）	0.50	0.13	0.33	0.48	1.03
总氮含量（mg/L）	2.47	0.60	1.89	1.54	3.80
总磷含量（mg/L）	0.37	0.96	0.67	0.24	0.52
内梅罗指数	2.06	2.90	2.61	1.58	2.82
污染等级	污染	污染	污染	轻度污染	污染

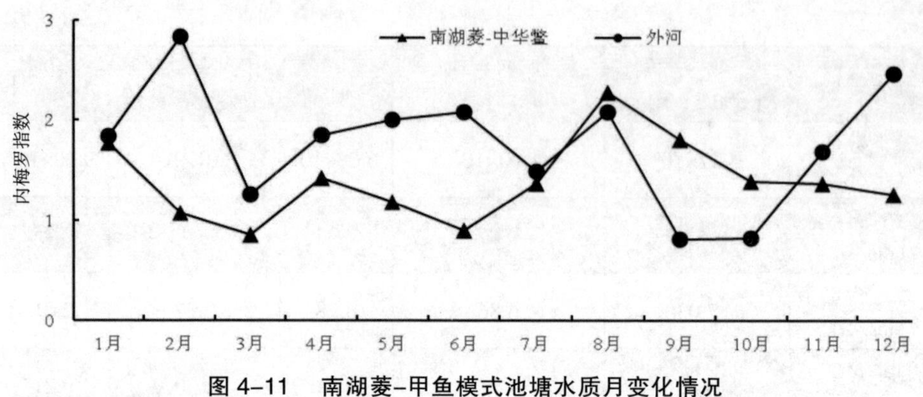

图 4-11　南湖菱–甲鱼模式池塘水质月变化情况

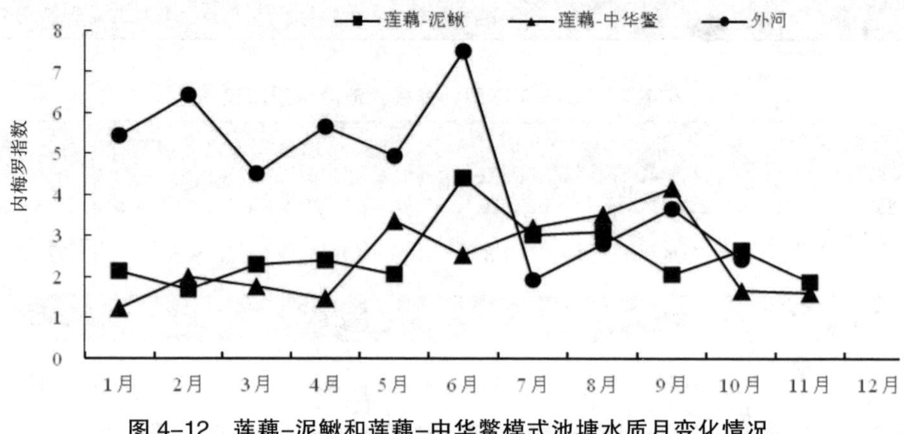

图 4-12　莲藕–泥鳅和莲藕–中华鳖模式池塘水质月变化情况

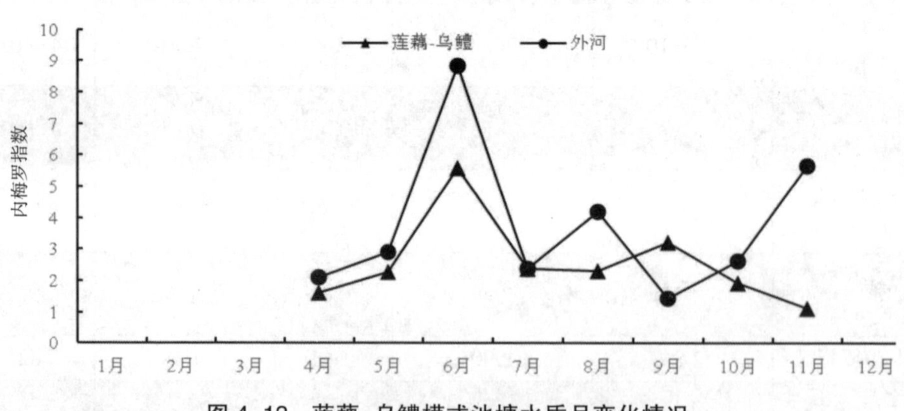

图 4-13　莲藕–乌鳢模式池塘水质月变化情况

（四）投饲与不投饲两种养殖方式对池塘水质的影响

选择乌鳢套种南湖菱模式，对投饲和不投饲两种饲养方式试验区池塘的水质进行了比较（表 4–8）。结果表明，投饲与不投饲两种养殖方式试验区池塘水质总体上无明显差异，投饲后，短期内水体营养盐含量有所上升，溶解氧含量有所降低，但有机污染并未加重。

表 4–8 投饲与不投饲两种饲养方式水质比较

类型	溶解氧含量（mg/L）	pH 值	化学耗氧量（mg/L）	5 日生化需氧量（mg/L）	藻类数量（个/L）	铵态氮含量（mg/L）	总氮含量（mg/L）	总磷含量（mg/L）	内梅罗指数
投饲	3.91	7.75	52	4.54	2.50×10^6	1.12	3.28	0.14	1.82
不投饲	4.67	7.69	58	4.91	5.90×10^6	1.02	3.04	0.17	1.81

（五）水质的季节变化

1. 种养结合方式与水稻田、外河的比较

对 2011—2013 年种养结合试验区与水稻田、外河各季节的水质状况进行了分析（图 4–14、表 4–9 至表 4–11）。3 年的结果表明，种养结合后，试验区池塘水质在夏季普遍较差，尤其是营养盐含量、藻类含量较高。水质变差主要与施肥、投饵以及气温等有关。外河水质在秋季最好，而水稻田夏季水质明显变差，主要表现为营养盐含量很高，这主要与夏季水田施肥多、气温高、田间湿润或薄水灌溉使田间水量较小等有关。

具体各项指标变化特征如下：

（1）营养盐含量。无论是种养结合试验区，还是外河和水稻田，水体中的氨氮、总氮、总磷含量均以夏季最高。

（2）化学耗氧量和 5 日生化需氧量。种养结合后试验区夏、秋两个季节化学耗氧量和 5 日生化需氧量值相对较高。这主要是因为夏秋是作物、鱼类生长旺盛期，试验区施肥、投饲相对较多，使得水体中有机物质增加，使化学耗氧量和生物耗氧量上升。外河 2011 年春季化学耗氧量和 5 日生化需氧量相对较高，这可能与 2011 年春季降雨量少，水流动较小有关；2012 年夏季的化学耗氧量和 5 日生化需氧量相对较高，2013 年，秋季和冬季的化学耗氧量和 5 日生化需氧量相对较高，原因也与当时天气条件变化有关。

（3）溶解氧含量。种养结合后试验区溶解氧含量在冬季、春季较高，夏秋相对较低；外河的溶解氧含量春季相对较高，夏季开始有所下降；水稻田溶解氧含量秋季较夏季有大幅增加。

(4) pH 值。种养结合试验区、外河和水稻田季节变化波动幅度不大，各季节间差异不明显。

(5) 藻类数量。试验区和外河变化基本一致，夏秋两季均相对较高。

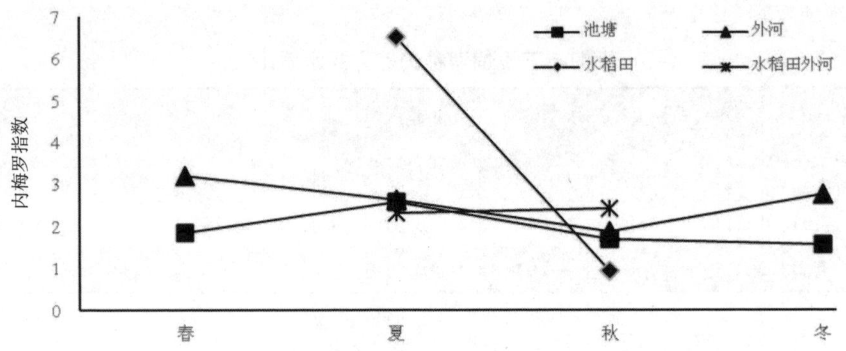

图 4-14　种养结合试验区、外河、水稻田水质季节变化

表 4-9　2011 年种养结合试验区、外河、水稻田水质指标的季节变化

		溶解氧含量 (mg/L)	pH 值	化学耗氧量 (mg/L)	5 日生化需氧量 (mg/L)	藻类数量 (个/L)	铵态氮含量 (mg/L)	总氮含量 (mg/L)	总磷含量 (mg/L)	内梅罗指数
春	试验区	7.69	8.08	55	5.35	1.62×10^6	0.85	2.65	0.29	1.94
	外河	4.36	7.59	48	4.34	7.33×10^5	1.48	4.83	0.37	2.79
	水稻田		7.65	89	9.47	0	1.86	6.15	0.39	3.48
夏	试验区	5.61	7.98	67	4.66	1.78×10^7	2.18	5.04	0.35	2.95
	外河	1.71	7.55	34	2.31	5.40×10^6	2.64	4.40	0.40	2.65
	水稻田	3.54	7.65	67	5.01	1.78×10^7	5.36	10.93	0.51	5.56
秋	试验区	3.91	7.70	52	5.47	4.67×10^6	1.20	1.96	0.19	1.62
	外河	3.72	7.47	34	3.89	5.63×10^6	1.58	2.84	0.37	2.02
	水稻田	7.56	7.25	60	4.14	2.10×10^6	1.80	2.43	0.69	2.76
冬	试验区	6.43	7.89	38	4.43	2.79×10^6	0.90	2.20	0.03	1.22
	外河	6.67	7.61	36	5.36	2.79×10^6	1.62	3.94	1.09	3.78

注：季节划分：3—5 月为春季，6—8 月为夏季，9—11 月为秋季，12 月至翌年2 月为冬季。

表 4-10　2012 年种养结合试验区、外河、水稻田水质的季节变化

		溶解氧含量(mg/L)	pH 值	化学耗氧量(mg/L)	5 日生化需氧量(mg/L)	藻类数量(个/L)	铵态氮含量(mg/L)	总氮含量(mg/L)	总磷含量(mg/L)	内梅罗指数
春	试验区	5.95	8.12	47	6.81	6.51×10^6	0.42	2.48	0.26	1.74
	外河	4.44	7.76	43	6.23	1.69×10^6	0.98	4.23	0.94	3.60
夏	试验区	1.89	7.45	67	8.16	2.45×10^6	1.37	3.57	0.34	2.37
	外河	2.16	7.47	50	5.59	2.50×10^6	1.67	3.83	0.60	2.86
	水稻田	1.07	7.34	112	7.33	4.92×10^6	4.38	12.63	0.65	6.51
	水稻田外河	0.32	7.70	62	5.39	1.40×10^6	1.03	2.96	0.46	2.29
秋	试验区	3.51	7.35	69	6.20	9.93×10^6	0.85	2.45	0.26	2.06
	外河	2.43	7.26	31	3.66	3.37×10^6	0.62	1.78	0.61	1.98
	水稻田	3.86	7.33	30		4.80×10^5	0.44	1.28	0.13	0.93
	水稻田外河	0.32	7.34	34		8.00×10^5	1.16	3.34	0.52	2.34
冬	试验区	9.69	7.83	66	5.41	8.75×10^5	0.28	2.08	0.16	1.86
	外河	2.24	7.57	32	2.84	4.50×10^6	1.20	4.95	0.23	2.47

注：季节划分：3—5 月为春季，6—8 月为夏季，9—11 月为秋季，12 月至翌年 2 月为冬季

表 4-11　2013 年种养结合试验区、外河、水稻田水质的季节变化

		溶解氧含量(mg/L)	pH 值	化学耗氧量(mg/L)	5 日生化需氧量(mg/L)	藻类数量(个/L)	铵态氮含量(mg/L)	总氮含量(mg/L)	总磷含量(mg/L)	内梅罗指数
夏	试验区	3.52	5.75	48	6.01	6.69×10^6	0.60	3.51	0.42	2.36
	外河	1.77		26	4.18	2.40×10^5	0.89	3.84	0.41	2.36
	水稻田	0.23	4.90	36	7.06	2.00×10^5	0.63	1.81	0.46	1.76
	水稻田外河	0.65	5.79	37	4.11	4.53×10^5	0.76	2.21	0.25	1.49
秋	试验区	3.65	4.29	46	7.75	2.82×10^6	0.21	1.18	0.15	1.36
	外河	1.16		54	6.27	2.33×10^6	0.50	2.37	0.18	1.61
冬	试验区	11.63		48	7.45	1.86×10^6	0.16	1.22	0.16	1.55
	外河	6.67		55	8.84	1.04×10^6	0.51	2.12	0.32	1.98

注：季节划分：3—5 月为春季，6—8 月为夏季，9—11 月为秋季，12 月至翌年 2 月为冬季

2. 不同种养结合模式水质季节变化

菱鱼种养结合和藕鱼种养结合两种种养结合模式水质的季节变化情况见图 4–15，具体 2011—2013 年的水质季节变化特征见表 4–12 至表 4–16。需要说明的是，由于这两种主要模式的试验地点分别位于嘉兴市秀洲区油车港镇和王江泾镇，因此图、表中的有关数据在两种主要方式间并无可比性，分析数据主要比较各自的季节变化。

从结果看，菱鱼种养结合以及藕鱼种养结合两种模式藻类数量、CODcr 和 BOD_5 含量在夏季或秋季较高。藕鱼种养结合试验区的氨氮、总氮、总磷含量在夏季明显要高，这与春末或夏初藕塘施肥有关，而菱鱼种养结合试验区的氨氮、总氮、总磷含量的季节变化差异较小，夏季含量相对较高。

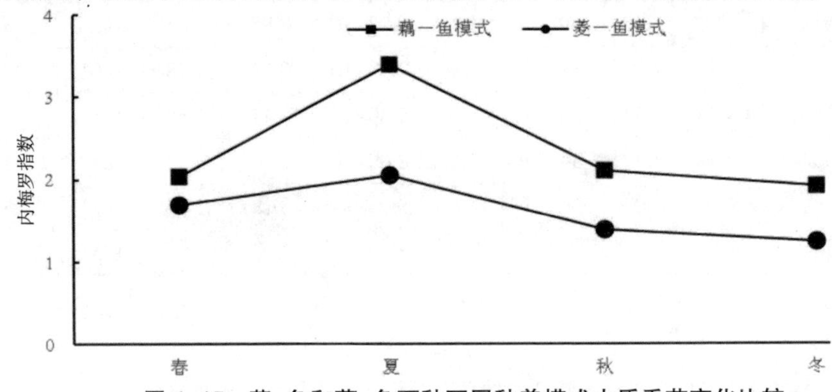

图 4–15　菱–鱼和藕–鱼两种不同种养模式水质季节变化比较

表 4–12　2011 年不同种养结合模式水质季节变化

		溶解氧含量(mg/L)	pH值	化学耗氧量(mg/L)	5 日生化需氧量(mg/L)	藻类数量(个/L)	铵态氮含量(mg/L)	总氮含量(mg/L)	总磷含量(mg/L)	内梅罗指数
春	藕–鱼模式	7.43	7.99	55	3.90	9.0×10^5	0.63	1.32	0.27	1.76
	菱–鱼模式	7.82	8.12	56	6.07	2.0×10^6	0.95	3.31	0.30	2.18
夏	藕–鱼模式	4.04	7.72	67	5.07	1.0×10^7	4.42	7.60	0.43	4.16
	菱–鱼模式	6.40	8.11	67	4.46	2.2×10^7	1.06	3.76	0.31	2.35
秋	藕–鱼模式	3.63	7.58	58	5.73	6.0×10^6	1.36	1.95	0.28	1.91
	菱–鱼模式	4.05	7.76	49	5.33	4.0×10^6	1.11	1.96	0.14	1.47
冬	藕–鱼模式	5.89	7.75	46	5.58	6.5×10^6	0.73	1.80	0.07	1.32
	菱–鱼模式	6.70	7.95	34	3.85	9.5×10^5	0.99	2.40	0.01	1.24

表 4-13 2012 年不同种养结合模式水质季节变化

		溶解氧含量(mg/L)	pH值	化学耗氧量(mg/L)	5日生化需氧量(mg/L)	藻类数量(个/L)	铵态氮含量(mg/L)	总氮含量(mg/L)	总磷含量(mg/L)	内梅罗指数
春	藕-鱼模式	6.24	8.17	59	9.98	1.10×10^7	0.53	3.17	0.38	2.30
	菱-鱼模式	5.66	8.08	35	3.64	1.99×10^6	0.32	1.79	0.15	1.18
夏	藕-鱼模式	1.95	7.50	72	8.90	1.85×10^6	1.84	4.80	0.50	3.15
	菱-鱼模式	1.83	7.41	62	7.42	3.06×10^6	0.89	2.34	0.18	1.80
秋	藕-鱼模式	4.09	7.30	99	9.64	1.97×10^7	0.89	2.56	0.40	2.94
	菱-鱼模式	2.93	7.41	38	2.77	1.87×10^5	0.81	2.33	0.12	1.31
冬	藕-鱼模式	10.20	7.75	100	7.63	1.20×10^6	0.15	2.21	0.22	2.60
	菱-鱼模式	9.19	7.92	33	3.20	5.50×10^5	0.40	1.96	0.10	1.22

表 4-14 2013 年不同种养结合模式水质季节变化

		溶解氧含量(mg/L)	pH值	化学耗氧量(mg/L)	5日生化需氧量(mg/L)	藻类数量(个/L)	铵态氮含量(mg/L)	总氮含量(mg/L)	总磷含量(mg/L)	内梅罗指数
夏	藕-鱼模式	5.38	8.02	57	5.98	7.53×10^6	1.73	4.51	0.42	2.85
	菱-鱼模式	1.67	7.69	40	6.04	5.85×10^6	7.23	2.51	0.42	1.98
秋	藕-鱼模式	5.78	7.96	48	7.73	3.88×10^6	0.10	1.34	0.15	1.44
	菱-鱼模式	1.52	7.94	44	7.77	1.76×10^6	1.35	1.02	0.14	1.36
冬	藕-鱼模式	13.10	8.09	56	7.67	1.88×10^6	0.10	1.44	0.23	1.82
	菱-鱼模式	10.17	8.19	41	7.23	1.84×10^6	0.27	1.01	0.10	1.27

表 4-15 2014 年不同种养结合模式水质季节变化

		溶解氧含量(mg/L)	pH值	化学耗氧量(mg/L)	5日生化需氧量(mg/L)	藻类数量(个/L)	铵态氮含量(mg/L)	总氮含量(mg/L)	总磷含量(mg/L)	内梅罗指数
春	藕-鱼模式	5.43	7.73	92	8.48	1.34×10^7	3.98	13.39	0.89	4.74
	菱-鱼模式	7.78	7.96	109	8.33	1.81×10^7	1.73	5.54	0.60	3.79
夏	藕-鱼模式			66		8.91×10^6	1.62	5.46	1.40	4.86
	菱-鱼模式			31		4.80×10^6	0.17	0.55	0.15	0.89
秋	藕-鱼模式	12.4	8.05	49		5.17×10^6	0.66	2.22	0.24	1.68
	菱-鱼模式	12.2	8.17	45		1.12×10^6	0.50	1.62	0.15	1.44

表 4-16　2015 年不同种养结合模式水质季节变化

		溶解氧含量(mg/L)	pH值	化学耗氧量(mg/L)	5 日生化需氧量(mg/L)	藻类数量(个/L)	铵态氮含量(mg/L)	总氮含量(mg/L)	总磷含量(mg/L)	内梅罗指数
夏	藕-鱼模式	6.23	7.18	75	8.43	3.02×10^7	0.64	2.63	0.91	3.42
	菱-鱼模式	4.98	7.46	36	6.68	3.12×10^6	0.43	1.32	0.35	1.56
秋	藕-鱼模式	8.60	8.29	38	7.59	5.58×10^6	0.44	1.81	0.48	1.93
	菱-鱼模式	11.885	8.24	30	6.61	2.34×10^6	0.54	1.64	0.19	1.56

（六）小结

大量研究表明，许多水生作物对水质均有很好的改善作用（Hill 等，1997；由文辉等，2000；Sooknah 等，2004；Li 等，2009，胡绵好等，2010）。本试验研究结果表明，鱼塘种植莲藕或南湖菱后，对池塘水体中氮、磷的去除效果较为明显。虽然由于鱼类养殖残饵、鱼类排泄物增加等因素的影响，鱼塘水体有机污染有一定程度加重，但总体上，种养结合对池塘水质有一定改善作用。从藕-鱼、菱-鱼两种不同模式看，池塘种植莲藕比种植南湖菱对水质的改善效果较好，池塘种植莲藕除了可降低水体中氮磷含量，水体化学耗氧量和 5 日生化需氧量也有所降低。分析其原因主要是因为莲藕生长旺盛且覆盖度高，且莲藕生物量较大，因此其吸收和净化作用明显。

二、 种养结合模式对底质的影响

（一）种养结合后池塘底泥氮磷钾含量变化

对种养结合前后试验区底泥氮、磷、钾的含量变化进行了分析（表4-17）。结果表明，南湖菱或莲藕与鱼类种养结合利用后，池塘底泥速效钾含量都有所增加，菱-鱼模式池塘底泥速效钾含量增加约 24.4%，藕-鱼模式池塘底泥速效钾含量增加达 137.0%；速效磷、总氮含量，南湖菱和鱼类种养结合，底泥总氮含量有一定下降，速效磷含量则基本无变化，而莲藕与鱼类种养结合利用后，底泥速效磷和总氮含量则显著增加，增加幅度分别达到 329.1%和 361.9%，这主要是由于试验区冬季莲藕未收获，地上部分均腐烂于池塘中有关。

表 4-17 种养结合后底泥氮、磷、钾含量变化

		速效钾含量(mg/kg)	速效磷含量(mg/kg)	总氮含量(‰)
藕-鱼模式	种养结合前	43.0	5.9	0.30
	种养结合后	101.9	25.3	1.39
菱-鱼模式	种养结合前	83.00	9.64	2.20
	种养结合后	97.67	7.47	1.87

(二) 种养结合后池塘底泥重金属元素含量变化

从种养结合后底泥重金属元素含量变化上看（表 4-18），总体上种养结合对池塘底泥重金属含量影响不大。莲藕与鱼类种养结合利用后，底泥汞含量有较大幅度升高，这主要是因为试验地所在的王江泾镇纺织、化纤、印染行业发达，并且以分散式小型作坊为主，这些行业所产生的含汞废水不少直接排入河道，对当地河道底泥和农田土壤有一定污染。种养结合后，汞在底泥中的含量有所升高，但含量仍在国家《土壤环境质量标准》（GB 15618-1995）的二级标准限值以内。

表 4-18 种养结合后底泥重金属元素含量变化（mg/kg）

元素	藕-鱼模式种养结合前底泥	藕-鱼模式种养结合后底泥	菱-鱼模式种养结合前底泥	菱-鱼模式种养结合后底泥
砷(As)	9.8	7.0	6.4	8.1
铅(Pb)	21.1	27.9	23.1	28.3
镉(Cd)	84.0	97.3	101.5	94.2
铜(Cu)	25.7	28.3	25.8	24.4
锌(Zn)	49.1	44.6	51.0	50.1
汞(Hg)	43.0	136.7	107.5	119.3
铬(Cr)	59.8	53.3	56.9	54.7
镍(Ni)	33.7	29.6	32.7	29.6

(三) 小结

水生植物通过生长能够吸收转化并降低底泥中氮磷的含量（Yang 等，2002；Jing 等，2001；Picard 等，2005）。前述研究发现，池塘种植南湖菱后，底泥中速效磷的含量基本无变化，但总氮含量有一定下降，而池塘种植莲藕

后，底泥速效磷和总氮含量均有显著增加。这主要是因为一方面为保证莲藕生长，藕塘施用了较多的无机化肥；另一方面，藕塘2011年当年不收割，藕叶、茎秆等腐烂分解，莲藕所吸收的氮磷又重新释放到水体以及底泥中。

土壤重金属元素含量上，种养结合前后差异不大，莲藕与鱼类种养结合利用后底泥中汞含量有较大幅度升高，这主要是因为试验地所在的王江泾镇纺织、化纤、印染行业发达，并且以分散式小型作坊为主，这些行业所产生的含汞废水不少直接排入河道，对当地河道底泥和农田土壤有一定污染。近几年当地积极调整了产业结构，这些分散的小作坊已逐步集中于工业园区，但由于河道底泥和农田土壤已受不同程度的污染，因此在淹水状态下汞等重金属可能会有不同程度的溶出进入养殖用水。因此，种养结合后，汞在底泥中的含量有所升高，但其含量仍在国家《土壤环境质量标准》（GB 15618-1995）的二级标准限值以内。

三、藕-鱼种养结合模式对藕田底栖动物的影响

（一）种养结合后底栖动物种类变化

试验共采集到底栖动物6科12属13种（表4-19），主要以寡毛类及水生昆虫为主。从种养结合前后底栖动物种类对比上看，除裸泽蛭（*Helobdella nuda*）这一偶见种类在种养结合后未采集到外，其他种类种养结合前后各时期均有采集到。

表4-19 种养结合前后底栖动物种类变化

门	纲/目	科	种	种养结合前	种养结合后
环节动物门 Annelida	寡毛纲 Oligochaeta	颤蚓科 Tubificidae	霍甫水丝蚓 *Limnodrilus hoffmeisteri*	+	+
			水丝蚓属一种 *Limnodrilus* sp.	+	+
			多毛管水蚓 *Aulodrilus pluriseta*	+	+
			苏式尾鳃蚓 *Branchiura sowerbyi*	+	+
	蛭纲 Hirudinea	舌蛭科 Glossiphoniidae	裸泽蛭 *Helobdella nuda*	+	

（续表）

门	纲/目	科	种	种养结合前	种养结合后
软体动物门 Mollusca	腹足纲 Gastropoda	田螺科 Viviparidae	铜锈环棱螺 *Bellamya aeruginosa*	+	+
		椎实螺科 Lymnaeidae	椭圆萝卜螺 *Radix swinhoei*	+	+
节肢动物门 Arthropoda	昆虫纲 Insecta	蜉蝣科 Ephemeridae	蜉蝣属一种 *Ephemera* sp.	+	+
	双翅目 Diptrea	摇蚊科 Chironomidae	环足摇蚊属一种 *Cricotopus sp.*	+	+
			搖蚊属一种 *Chironomus* sp.	+	+
			小摇蚊属一种 *Microchironomus* sp.	+	+
			多足摇蚊属一种 *Polypedilum* sp.	+	+
			异腹鳃摇蚊属一种 *Einfeldia* sp.	+	+

“种养结合前”指田块整理完即将种植莲藕前的时期，“种养结合后”指种植莲藕及放养水产动物后的时期

（二）不同种养结合模式的底栖动物密度和生物量变化

从种养结合后各模式底栖动物密度、生物量变化上看（图 4-16），种养结合后底栖动物总密度、总生物量均有所增加。3 种种养结合模式种养结合后底栖动物总密度和总生物量的平均增加幅度分别达到 12 倍和 336 倍。各类种群中，水生昆虫的密度和生物量增加较多，3 种种养结合模式种养结合后水生昆虫密度和生物量的平均增加幅度分别为 11 倍和 273 倍。另外，各种养结合模式田块所采集的定量样品中均未检测到软体动物及其他底栖动物，而单养甲鱼模式池塘在放养甲鱼前的样品中检测到了软体动物及其他底栖动物，但未检测到到寡毛类。且单养甲鱼模式池塘在放养甲鱼后，水生昆虫密度、生物量均有所减少，而底栖动物总密度则比放养甲鱼前有所增加，但底栖动物总生物量则有所减少。莲藕-甲鱼种养结合模式与单养甲鱼模式相比，在放养甲鱼后，水生昆虫密度、生物量均要高，而寡毛类密度、生物量则均要低，但底栖动物动物总密度、总生物量仍要高于单养模式。

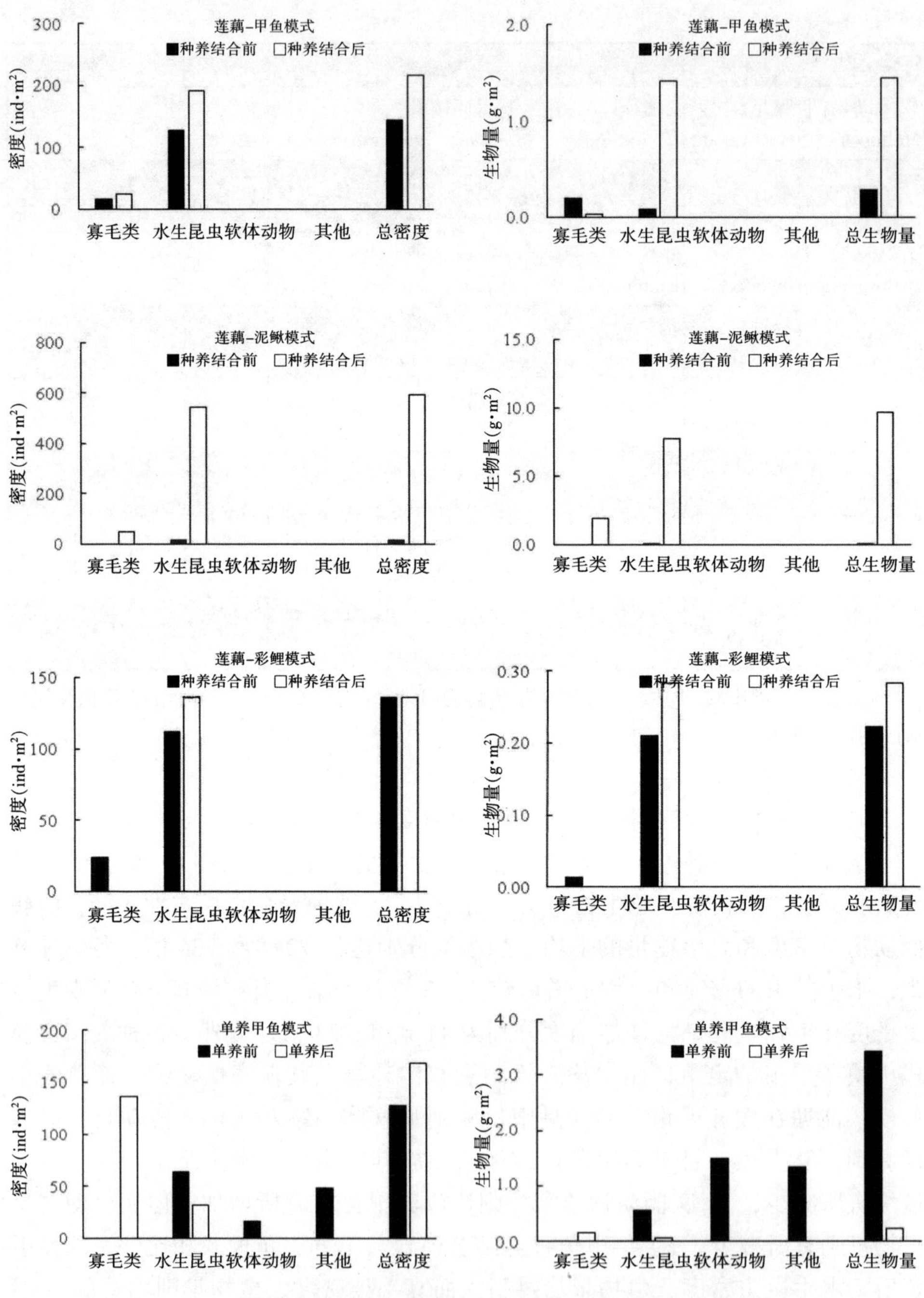

图 4-16　各模式种养结合后底栖动物密度和生物量的变化

（三）种养结合后底栖动物生物多样性指数变化

种养结合后底栖动物生物多样性指数的变化见如图 4-17 所示。可以看出，种养结合后，Shannon-Wiener 指数、Simpson 指数均有所下降，表明藕田套养鱼类后，底栖动物多样性有所下降。

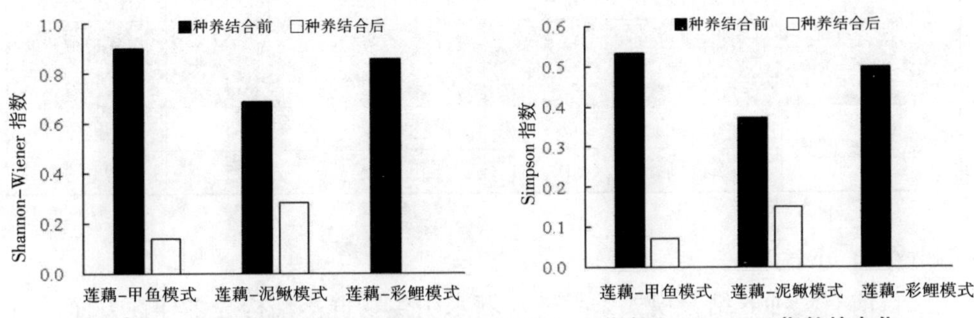

图 4-17 种养结合后底栖动物 Shannon-Wiener 指数和 Simpson 指数的变化

（四）水质生物学评价

由表 4-20 可见，根据 Shannon-Wiener 指数评价污染状况标准，莲藕-甲鱼、莲藕-泥鳅以及莲藕-彩鲤这 3 种模式种养结合后，Shannon-Wiener 指数虽均较种养结合前有所降低，表明水质变差，但水质级别未有变化，均呈严重污染状态。种养结合后 3 种模式中以莲藕-泥鳅模式 Shannon-Wiener 指数值最高，而莲藕-彩鲤模式 Shannon-Wiener 指数值最低。仅从 Shannon-Wiener 指数值来看，3 种种养结合模式中水质状况以莲藕-泥鳅模式最好，而莲藕-彩鲤模式水质最差。

BI 生物指数方面，莲藕-甲鱼模式，种养结合后，BI 生物指数值较种养结合前明显升高，表明水质明显变差，水质级别下降两个等级，由一般状态转变为中度污染状态。而莲藕-泥鳅以及莲藕-彩鲤这两种模式，种养结合后，BI 生物指数虽较种养结合前有所升高（表明水质有所变差），但水质级别未有变化。从 BI 生物指数值来看，种养结合后 3 种模式中以莲藕-泥鳅模式 BI 指数值最高，而莲藕-彩鲤模式 BI 生物指数值最低。根据 BI 生物指数评价的结果表明，3 种种养结合模式中水质状况以莲藕-彩鲤模式相对最好，而莲藕-泥鳅模式水质相对最差。根据程旺大等（2014）采用化学方法对这 3 种种养结合模式水质评价的研究，3 种种养结合模式中，整体水质以莲藕-彩鲤模式相对最好，而莲藕-泥鳅模式水质相对最差。故本研究中采用 BI 生物指数评价的结果与实际情况较为吻合。

表 4-20　不同模式种养结合前后生物指数值和水质评价结果

模式	时期	Shannon-Wiener 指数		BI 生物指数	
		指数值	水质评价	指数值	水质评价
莲藕-甲鱼模式	种养结合前	0.90	严重污染	6.50	一般
	种养结合后	0.14	严重污染	8.35	中度污染
莲藕-泥鳅模式	种养结合前	0.68	严重污染	8.89	严重污染
	种养结合后	0.28	严重污染	9.05	严重污染
莲藕-彩鲤模式	种养结合前	0.85	严重污染	7.75	中度污染
	种养结合后	0	严重污染	8.05	中度污染

（五）小结

目前有关种养结合模式条件下池塘水生生物群落结构、多样性方面的研究尚不多见，尤其是底栖动物方面。前述研究表明，种养结合模式对底栖动物种类数无明显影响，但藕田套养水产动物后，由于水产动物活动以及觅食等对底泥的扰动，底栖动物多样性有所下降。这与李岩等（2013）针对稻蟹共作模式以及曹凑贵等（2005）、汪金平等（2006）以及王昌付等（2006）针对稻鸭共作模式开展的对底栖动物的影响的研究相一致。

根据已有的一些对养鱼池塘底栖动物群落时空变化的研究（Oertli, 19995；赵文等，2001；赵峰，2014），养鱼池塘底栖动物生物量的峰值多出现在春季，而后缓慢下降，至秋季可能再次迎来一小高峰，然后再次下降。也就是说，养鱼池塘底栖动物春、秋两季生物量是相对较高的，而夏、冬两季生物量较低。从本研究对单养甲鱼模式的研究来看，虽然秋季未对该模式池塘底栖动物进行调查，但从放养甲鱼前（春季）以及放养甲鱼后（夏季、冬季两次平均值）底栖动物生物量特征推断，池塘单养甲鱼模式底栖动物时空变化可能也遵循这一趋势。但若采用种养结合模式，底栖动物的变化趋势则就有所不同。从本研究中莲藕-甲鱼式种养结合后底栖动物变化上看，种养结合后（夏季、冬季两次平均值）水生昆虫密度、生物量以及底栖动物总密度、总生物量均较种养结合前（春季）有大幅增加。莲藕-泥鳅以及莲藕-彩鲤这两种模式种养结合后底栖动物现存量变化的趋势亦是如此。此外，与单养甲鱼模式相比，同样在放养甲鱼后，莲藕-甲鱼种养结合模式水生昆虫密度、生物量以及底栖动物总密度、总生物量均要高于单养模式，而寡毛类密度、生物量则要低于单养模式。分析其原因可能是因为在种养结合条件下，由于莲藕的存在，大大降低了水产动物活动对底泥扰动的影响，从而为底栖动物提供了更为稳定的生境条件，故底栖动物数量在夏季以及冬季数量并未下降。而另外一方面，莲藕-甲鱼种养结合模式与单养甲鱼模式相比，由于莲藕的吸收作用，水体以及底泥营养水平要比单养池塘低，因此耐污的颤蚓科寡毛类数量要少。

目前，采用生物监测法监测湖泊、河流水质的研究较多，而鲜见采用生物评价法评价池塘水质的研究。前述研究采用两种生物指数对不同种养结合模式种养结合后藕田水质进行了评价，对照作者同期采用化学方法开展的水质评价研究，确认 BI 生物指数适合作为“藕-鱼”种养结合模式底栖动物水质生物评价的指标，运用该指数评价的结果与实际情况较为吻合。根据评价结果，三种种养结合模式中，整体水质以莲藕-彩鲤模式相对最好，而莲藕-泥鳅模式水质相对最差。从实际情况看，在 6—9 月，由于投饲等原因，莲藕-甲鱼以及莲藕-泥鳅两种模式藕田水体富营养化严重，水华爆发，而莲藕-彩鲤模式藕田未见水华爆发。

藕鱼共生生态系统是一个随着鱼类的生长发育而变化的动态系统。本试验在研究底栖动物时，仅在莲藕、鱼类生长旺盛时期以及鱼类捕捞收获后两次进行取样，并没有充分研究种养结合系统中鱼类的动态变化。结合共生环境、其他水生动植物、莲藕生长及鱼类习性，系统地了解该共生模式下的生态系统组份动态变化，将为湿地农业种养结合模式提供更为系统的理论指导。

四、种养结合对区域大气负氧离子浓度影响

自然状态下植物能够释放负离子，而空气负离子浓度高低是衡量空气质量好坏的一个重要指标（Nemeryuk，1970；Krueger，1985；邵海荣等，2005；吴甫成等，2006）。2011 年 8 月，对莲藕-鱼以及南湖菱-鱼两种模式区域上方空气负氧离子浓度进行了测定，同时选择浙江省嘉兴市农业科学研究院（所）试验园区内的水稻田、嘉兴市石臼漾水源生态湿地以及嘉兴市区城南公园（后两者是公认的嘉兴市空气质量最好的区域之一）作为对照，分析了种养结合开发利用对空气质量的影响。

结果（图 4-18）表明，种养结合区域空气负氧离子浓度均高于水稻田区域但低于生态湿地以及公园区域，其中藕-鱼种养结合区域空气平均负氧离子浓度约 1 271 个/cm^3，而菱-鱼种养结合区域塘空气平均负氧离子浓度略低，约 1 130 个/cm^3。

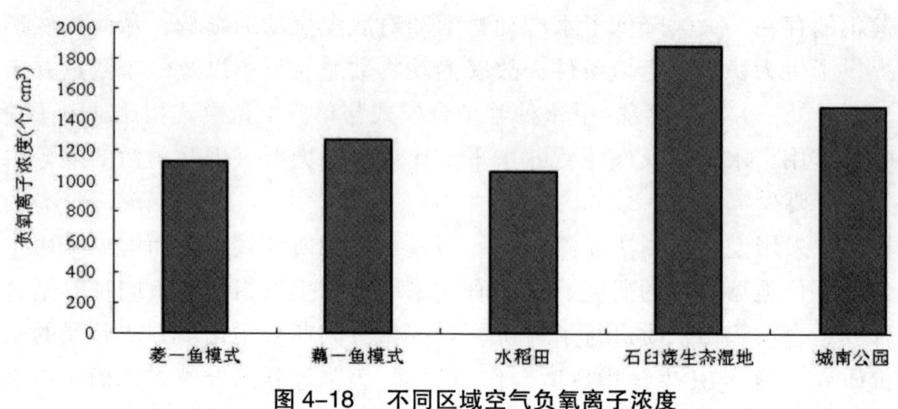

图 4-18　不同区域空气负氧离子浓度

第三节　种养结合模式对水生作物生长发育及品质的影响

一、种养结合对莲藕、菱生长发育的影响

（一）种养结合后莲藕生长发育及生物学性状

通过对不同种类“藕-鱼”种养结合后莲藕的生长发育情况研究，发现无论叶片大小还是叶柄长度，均较莲藕单作有一定增加。不同模式种养结合后较莲藕单独种植对照叶片长增加 1.2%~38.2%，其中“莲藕-鲫鱼、黄颡鱼”模式对莲藕生长促进最显著，莲藕叶片大小明显增大，其中叶片长平均较对照增加了 38.2%，叶片宽除“莲藕-乌鳢”模式减少 8.6%外，“莲藕-鲫鱼、黄颡鱼”模式和“莲藕-黄颡鱼、泥鳅”模式叶片宽分别较对照增加 30.9%和 21.9%；叶柄长种养结合后较单种对照增加 10.1%~33.2%，其中“莲藕-黄颡鱼、泥鳅”模式叶柄最长，莲藕植株最高，“莲藕-鲫鱼、黄颡鱼”模式次之；种养结合后叶片数较对照均有一定程度减少，以“莲藕-鲫鱼、黄颡鱼”模式叶数最少（表 4-21）。

表 4-21　不同藕-鱼种养结合模式下的莲藕植物学性状

种养结合模式	叶长(cm)	叶宽(cm)	叶柄长(cm)	单株叶数(片)
莲藕-鲫鱼、黄颡鱼	70.2	61.0	141.2	11
莲藕-黄颡鱼、泥鳅	65.86	56.8	153.2	14
莲藕-乌鳢	51.4	42.6	126.6	13
莲藕单种（CK）	50.8	46.6	115.0	16

为进一步研究明确单一鱼类对水生作物生长的影响，又选择当前在嘉兴地区应用推广面积最广泛的几种“藕-鱼”种养结合模式开展了进一步研究，主要模式包括莲藕-甲鱼、莲藕-泥鳅以及莲藕-彩鲤3种模式。结果表明（表4-22），相对常规莲藕单种，不同种养结合模式均能促进莲藕的生长。从莲藕长势及叶片大小来看，套养泥鳅对莲藕营养生长的促进作用相对明显，其叶片大小、叶柄直径均较单种对照有较大幅度提高，而套养彩鲤和甲鱼效果次之，但套养甲鱼叶柄长度最长，较单种莲藕对照增加幅度最大。因此，从对莲藕生长发育的角度来看，藕田中套养效果以泥鳅最佳，彩鲤次之，甲鱼的效果相对较差。

表4-22 藕-鱼种养结合模式对莲藕植物学性状的影响

模式	叶长（cm）	叶宽（cm）	叶柄长（cm）	叶柄直径(cm)
莲藕-甲鱼	62.8	59.9	169.5	1.84
莲藕-泥鳅	66.1	63.8	160.9	1.87
莲藕-瓯江彩鲤	64.2	62.4	159.6	1.86
莲藕单种（CK）	59.4	55.4	149.2	1.78

（二）种养结合后南湖菱生长发育及生物学性状

南湖菱是一种深水菱角品种，将南湖菱从外河半野生栽培模式转变为鱼塘内人工栽培模式，进而进行人为可操控的“南湖菱-鱼类”种养结合模式，可以大大提高农户的综合生产效益。

对“南湖菱-鱼”种养结合模式条件下南湖菱的生长发育特性进行了研究。结果表明，南湖菱进行鱼塘栽培后，其生育期较外河可提早一周左右，但内塘栽培对南湖菱的生长发育有一定的抑制作用，主要表现在南湖菱的菱盘大小、叶片大小、叶柄长短及单菱盘叶数等生物学指标均较外河有一定程度的变小，其中叶柄长减少最明显，幅度达43.5%，单菱盘叶数减小幅度次之，达25.9%，叶片大小也明显变小，其中叶片长减小25.3%，宽度减小17.0%，菱盘大小减小幅度较小。但通过种养结合后，不同模式下南湖菱的生长发育、营养生长均表现出较明显的差异（表4-23）。

南湖菱套养甲鱼模式，特别是套养个体较大的甲鱼时，对南湖菱的生长发育影响最大，受较大个体甲鱼在底部活动对南湖菱根系的影响，南湖菱生长较慢，长势差，主要表现在菱盘开展度较大，但菱叶片较小，菱盘均在水面上，未撑出水面，后期营养生长量不足，菱开花结果量少。但在套养较低密度小个体甲鱼时，南湖菱开展度、菱盘叶数以及叶片大小均较鱼塘单种对照有明显增加，单位面积菱盘数较对照略有降低，说明与适当密度甲鱼套养，有利于南湖菱的生长。

南湖菱与乌鳢种养结合后，南湖菱的菱盘开展度、叶片大小较对照明显变小，而单位面积菱盘数和单菱盘叶片数则较对照明显增加，说明“菱-乌鳢”种养结合模式对南湖菱生长有一定抑制作用，这可能与甲鱼和乌鳢的生活习性不同有关。

表 4-23 不同菱-鱼种养结合模式下菱的植物学特征

模式	菱盘长（cm）	菱盘宽（cm）	菱盘数（cm）	菱盘叶数（cm）	叶长（cm）	叶宽（cm）
南湖菱-甲鱼	40.4	37.4	21.6	29.6	9.4	6.2
南湖菱-乌鳢	32.4	31.2	22.8	28.6	8.0	5.0
鱼塘菱单种(CK)	35.2	31.8	22.0	23.4	8.8	5.6

二、种养结合模式下莲藕、南湖菱的商品性状

（一）种养结合后莲藕的商品性状

“藕-鱼”种养结合条件下，鱼类的活动可以增加栽培底泥的通透性，同时鱼类的排泄物和残饵可为莲藕的生长提供营养，因此种养结合有利于提高莲藕产品的商品性和营养品质。

通过对“莲藕-甲鱼”“莲藕-泥鳅”和“莲藕-彩鲤”3 种模式的研究表明(表 4-24)，“藕-鱼”种养结合能有效提升莲藕的商品性，主要表现在套养鱼类上，莲藕产品的全藕长、重均较单种对照明显增加，同时最大藕节长、宽及质量也较单种对照有较明显提升；但不同鱼类套养对莲藕的影响不同，从全藕重和最大藕节重来看，套养甲鱼效果最好，其全藕重与最大藕节重分别达到 1 380g 和 418 g，分别较单种莲藕对照提高了 35.7%和 15.2%，其次为套养泥鳅，全藕重与最大藕节重分别达到 1 312 g 和 407 g，较对照分别提高了 29.0%和 12.1%，再次为彩鲤，其全藕重与最大藕节重也分别达到了 1 304 g 和 404 g，较对照分别提高了 28.2%和 11.3%，这可能与泥鳅与甲鱼的养殖习性有一定关系，两者投饲量较大，池塘底泥较肥沃，且两者都有

一定钻土习性，对底泥起到了一定的松土作用，从而促进莲藕地下部分的生长发育。

表 4-24　藕-鱼种养结合后莲藕商品特征

套养模式	全藕			最大藕节		
	长(cm)	节数	重(g)	长(cm)	宽(cm)	重(g)
莲藕-甲鱼	67.0	4.3	1 380	16.9	8.07	418
莲藕-泥鳅	63.0	4.3	1 312	14.6	7.78	407
莲藕-瓯江彩鲤	67.9	4.1	1 304	16.0	7.68	404
莲藕单种（CK）	61.1	3.6	1 017	15.2	7.06	363

（二）种养结合后南湖菱的商品性状

不同套养模式南湖菱产品的单果重量以及出果率等测定分析结果表明(表4-25)，种养结合对南湖菱商品性有一定程度提高，南湖菱鲜重和干重均较鱼塘单种对照有所提高，其中南湖菱-甲鱼模式提高效果明显，鲜重和干重分别提高 6.2%和 16.2%，鲜重出果率达 53.8%，较对照提高 4.9%；南湖菱-乌鳢模式菱果重较对照也有一定程度的提高，其中干重增加较明显，幅度达 11.3%，鲜重略有提高，增加 0.7%，但鲜果出果率较对照有所降低，只有 46.9%，较对照下降 8.58%。这可能与种养结合后，鱼类的残饵以及排泄物等为南湖菱的生长提供了较为丰富的养分，促进南湖菱营养物质的积累有关。

表 4-25　菱-鱼种养结合模式南湖菱果重及出果率

种养结合模式	鲜重（g）	干重（g）	出果率（%）	
			鲜果	干果
南湖菱-甲鱼	9.70	1.65	53.8	53.4
南湖菱-乌鳢	9.19	1.58	46.9	46.3
鱼塘菱单种（CK）	9.13	1.42	51.3	48.0

三、种养结合后莲藕、南湖菱产品的品质及食品安全性指标

（一）种养结合后莲藕、南湖菱的品质性状

种养结合有利于提高莲藕、南湖菱的品质和风味。从莲藕产品的品质指

标看（表 4–26），大部分种养结合模式对莲藕的品质均有一定的提升作用。3 种种养结合模式莲藕产品的淀粉含量较单种藕对照增加幅度为 23.3%~34.0%，粗蛋白含量和氨基酸总量除莲藕–乌鳢模式略有下降外，莲藕–鲫鱼、黄颡鱼和莲藕–黄颡鱼、泥鳅这两种模式莲藕产品中粗蛋白含量分别较单种对照提高 5.4%和47.3%，氨基酸总量则分别较对照提高 11.3%和 48.7%，脂肪含量无明显变化。从不同模式的差异来看，以莲藕–黄颡鱼、泥鳅模式对莲藕品质改善最为明显，粗蛋白含量与氨基酸总量分别较对照提高 47.3%和 48.7%。这可能与套养鱼后，残饵以及鱼类排泄物为莲藕的生长提供了充足的养分，而鱼类的活动又促进莲藕对养分的吸收有关。但莲藕–乌鳢模式除淀粉含量有小幅提高外，其粗蛋白和氨基酸含量反而有一定幅度的降低，其原因有待进一步研究。

从南湖菱主要品质性质分析结果看（表 4–26），种养结合模式下南湖菱果肉中的淀粉含量略高于对照，其中南湖菱–甲鱼模式和南湖菱–乌鳢模式南湖菱果肉淀粉含量分别较对照提高 4.0%和 1.3%，提升幅度不明显；脂肪含量方面，各模式差异不明显；粗蛋白含量和氨基酸总量方面，南湖菱–乌鳢模式南湖菱果肉中粗蛋白含量和氨基酸总量分别较对照提高了 3.8%和 2.7%，品质有一定提升；但南湖菱–甲鱼模式南湖菱果肉中粗蛋白含量和氨基酸总量均较对照有较明显下降，分别下降 16.0%和 17.0%。这说明内塘南湖菱套养不同的鱼类对菱角营养品质的影响表现不同，其中套养乌鳢有利于南湖菱营养品质风味的提升，而套养甲鱼则不利于品质的提升。

表 4–26　不同种养结合模式下莲藕、南湖菱产品品质指标

模式	粗蛋白（%）	淀粉（%）	脂肪（%）	氨基酸总量（%）
莲藕–鲫鱼、黄颡鱼	1.96	12.7	0.1	1.67
莲藕–黄颡鱼、泥鳅	2.74	13.8	0.1	2.23
莲藕–乌鳢	1.48	13.5	0.1	1.42
莲藕单种（CK）	1.86	10.3	0.1	1.50
南湖菱–鳖	1.78	7.8	0.1	1.56
南湖菱–乌鳢	2.20	7.6	0.1	1.93
鱼塘菱单种（CK）	2.12	7.5	0.1	1.88

(二) 种养结合后莲藕、南湖菱食品安全性指标

不同种养结合后莲藕、南湖菱产品中，甲胺磷、氧乐果、对硫磷、甲基对硫磷、多菌灵、百菌清、三唑酮等农药残留等均未检出。

莲藕产品中（表 4–27），总汞、铜在种养结合模式和对照单种模式中均未检出。锌、镉含量在种养结合条件下较单种对照有一定幅度的提高，而无机砷含量则有一定程度的降低。其中莲藕–黄颡鱼、泥鳅模式中无机砷未检出，莲藕–乌鳢和莲藕–鲫鱼、黄颡鱼模式莲藕产品中无机砷含量分别较对照降低50.0%和 35.3%，下降幅度较为明显。这说明采用种养结合模式可以有效抑制莲藕对无机砷的富集，其机理有待进一步研究分析。

南湖菱产品中（表 4–27），无机砷、镉、铜在各处理中均未检出；南湖菱–甲鱼模式南湖菱产品中的重金属铅、汞、锌均较对照有一定幅度的降低，但降低幅度不大；南湖菱–乌鳢模式南湖菱产品中重金属锌、汞的含量较对照略有降低，但铅含量却有较明显的增加，这可能与底泥及投饲等有关，但所有模式下南湖菱产品均达到无公害农业品的标准。

表 4–27　不同种养结合模式下莲藕、南湖菱产品中重金属含量（mg/kg）

种养结合模式	无机砷	铅	总汞	镉	铜	锌
莲藕–鲫鱼、黄颡鱼	0.110	0.018	—	0.005 2	—	1.7
莲藕–黄颡鱼、泥鳅	—	0.034	—	0.014 0	—	3.6
莲藕–乌鳢	0.085	0.032	—	0.006 5	—	1.8
莲藕单种（CK）	0.170	0.030	—	0.004 0	—	1.6
南湖菱–甲鱼	—	0.058	0.002 5	—	—	6.7
南湖菱–乌鳢	—	0.100	0.003 0	—	—	6.4
鱼塘单种菱（CK）	—	0.067	0.003 2	—	—	7.2

四、种养结合后莲藕、南湖菱产量及产值测算

(一) 种养结合后莲藕的产量及效益状况

2011 年，根据取样样品对不同种养模式莲藕的产量进行了估算。按每 $4m^2$ 内 5 个藕进行计算，全藕重则以取样平均值计，莲藕价格按当年实际平均收购价 2.1 元/kg 计，粗蛋白含量和淀粉含量采用样品实测值，种养结合模式

取各模式平均值（表 4–28）。

表 4–28　不同种养结合模式莲藕及种植水稻产量及产值对比

模式	单藕重(g)	产量(kg/hm²)	产值(元/hm²)
莲藕–彩鲤、鲫鱼、黄颡鱼	1 608.8	20 119.5	42 250.5
莲藕–鲫鱼、黄颡鱼	1 808.3	22 615.5	47 493
莲藕–黄颡鱼、泥鳅	1 210	15 132	31 779
莲藕–泥鳅（48 万尾/hm²）	1 672.5	20 916	43 924.5
莲藕–泥鳅（24 万尾/hm²）	1 287.5	16 102.5	33 814.5
莲藕–乌鳢	1 795	22 449	47 142
种养结合模式平均	1 563.7	19 555.5	41 067
单种莲藕（CK）	1 017	12 718.5	26 709
单种水稻		7 800	21 840

从结果看，单种莲藕模式平均每公顷产量为 12 718.5kg，产值为 26 709 元/hm²，按扣除生产成本每公顷为 15 000 元，净效益 11 709 元/hm²。对照水稻产量以实际测定的 7 800kg/hm²，收购价 2.8 元/kg，每公顷产值为 21 840 元，水稻生产成本按每公顷 12 000 元计，效益 9 840 元/hm²。种养结合莲藕平均每公顷产量达 19 555.5kg，产值 41 067 元/hm²，按扣除生产成本每公顷 15 000 元，净效益 26 067 元/hm²，种养模式下水产品效益据嘉兴市秀洲区农业技术推广基金会测算达 16 500 元/hm²，种养殖效益相加较单独种植莲藕及单独种植水稻模式增加更为显著。

（二）种养结合后南湖菱的产量及效益状况

南湖菱的产量，2010 年平均为 15 000kg/hm² 左右，2011 年为 13 500kg/hm² 左右，价格方面，2010 年平均为 3 元/kg，2011 年平均为 5 元/kg 左右。种养结合模式南湖菱产量以 13 500kg/hm²，产值每公顷产值为 67 500 元。

加上水产品效益，对照水稻单种模式，菱–鱼种养结合模式增效显著。

五、种养结合模式对粮食安全的影响

（一）种养结合后莲藕、菱淀粉的产量

对种养结合模式下莲藕、南湖菱的淀粉、粗蛋白含量进行了测定与计算（表 4–29）。从结果看，单种莲藕模式平均粗蛋白产量 237kg/hm²，淀粉产量为

1 309.5kg/hm²，种养结合莲藕平均粗蛋白产量 397.5kg/hm²，淀粉产量2 748kg/hm²。对照水稻种植模式，水稻产量以实际测定的 7 800kg/hm²，精米率68%计，粗蛋白产量为 337.5kg/hm²，淀粉产量则为2 779.5kg/hm²。种养结合模式下莲藕每公顷淀粉产量与对照水稻模式基本持平。而种养结合模式南湖菱产量按每公顷 13 500kg 计，南湖菱平均出果率为 50%，平均总淀粉含量为 7.5%，粗蛋白含量为 2%，种养结合模式条件下南湖菱淀粉产量为 507kg/hm²，粗蛋白产量为 135kg/hm²，均较水稻种植模式明显下降。

表 4-29 不同种养结合模式莲藕及种植水稻淀粉产量对比

模式	粗蛋白含量（%）	淀粉含量（%）	粗蛋白产量（kg/hm²）	淀粉产量（kg/hm²）
莲藕-彩鲤、鲫鱼、黄颡鱼	2.31	14.6	465	2 937
莲藕-鲫鱼、黄颡鱼	1.96	12.7	444	2 872.5
莲藕-黄颡鱼、泥鳅	2.74	13.8	414	2 088
莲藕-泥鳅（48 万尾/公顷）	2.08	15.9	435	3 325.5
莲藕-泥鳅（24 万尾/公顷）	1.82	13.9	292.5	2 238
莲藕-乌鳢	1.48	13.5	331.5	3 030
种养结合模式平均	2.1	14.1	397.5	2 748
单种莲藕（CK）	1.86	10.3	237	1 309.5
单种水稻	6.35	52.4	337.5	2 779.5

（二）种养结合后藕田复耕恢复水稻种植的关键技术研究与实践

“低洼田种藕多年后，还能不能种植水稻？”这是当地党委、政府十分关心的问题，也是萦绕在当地农业生产者心中的疑问。

低洼稻田改种莲藕等水生作物后，随着水生作物面积不断增大，稻田面积不断减少，进而会影响水稻种植面积和总产量，从而影响地区粮食安全。同时，改种后的藕田一般都会实行多年连作，虽然莲藕耐连作的能力较强，但从这几年的实践看，经过几年连作，不仅莲藕容易发生腐败病等生理性、真菌性病害，而且莲藕产量会逐年下降，品质也会越来越差。因此，这些藕田在进行一段时间的连作后，也需要进行轮作换茬。在当前稳粮增产和国家提出“藏粮于技”和对粮食面积考核的大背景下，复耕后种植水稻就是其中最好的选择。

2016 年起，当地农技部门在秀洲区王江泾镇栋梁村开展了藕稻轮作的试验，选取了一块面积近 3.33hm²、连作 5 年的藕田开展了种植水稻的试验，与对照水稻连作田采用相同的晚粳稻品种“嘉 58”。测产结果表明，水稻连作田块产量为 8 839.5kg/hm²，而藕稻轮作田块产量达 9 832.5kg/hm²，比对照提高了 993kg，而且藕稻轮作田水稻生长过程中只施用了 5kg 多的尿素分蘖肥，通过开沟排水、湿润灌溉为主、注意搁田和烤田等水浆管理，最后的机械收割也并未受到影响。

试验示范说明，低洼田种植莲藕后并不影响复耕恢复水稻种植，而且一般藕田连作 5 年莲藕就要轮作一次，这也为今后解决莲藕的连作障碍提供了科学依据，真正确保了“藏粮于技”和粮食生产能力。

第四节　种养结合模式对水产品品质及食品安全性的影响

一、种养结合后水产品品质状况

表 4–30 为 2011—2013 年种养结合后鱼类各营养品质指标的比较，从整体上看，各鱼类营养品质指标相差不是很明显。从不同种养结合模式角度分析，套养在菱塘中的鱼类在蛋白质含量、粗脂肪含量、氨基酸总量上均较藕塘中套养的鱼类略高，但干物质含量则要略低。

二、种养结合后水产品安全性指标

从种养结合后各鱼类体内有害、有毒物质含量（表 4–31）看，所有鱼类样品都能达到无公害水产品安全要求。其中六六六、土霉素、氯霉素、磺胺类、呋喃唑酮、乙烯雌酚均未检出。汞和滴滴涕在所有鱼类样品中均有检测到，这主要与试验区土壤和养殖用水水质（可能由河塘底泥污染引起）有关。

表 4-30 种养结合后不同鱼类营养品质指标比较

年份	鱼类品种（套种作物）	干物质（%）	蛋白质（%）	粗脂肪（%）	粗灰分（%）	氨基酸总量（%）
2011	乌鳢（藕）	22.8	19.6	0.9	1.0	17.29
	彩鲤（藕）	26.2	15.6	4.0	0.9	13.90
	鲫鱼（藕）	22.7	16.6	0.6	0.9	13.86
	黄颡（藕）	21.6	15.0	4.0	0.9	13.35
	泥鳅（藕）	23.5	15.6	1.8	2.7	13.50
	甲鱼（菱）	19.9	15.8	1.8	0.8	17.62
	乌鳢（菱）	22.4	20.0	1.1	1.2	21.11
2012	甲鱼（藕）	22.0	15.7	1.0	1.0	14.24
	泥鳅（藕）	24.8	15.0	2.2	2.7	13.73
	甲鱼（菱）	18.9	15.4	2.0	1.0	14.57
	乌鳢（菱）	20.8	17.4	1.2	1.2	16.55
2013	甲鱼（藕）	19.9	16.6	5.7	1.0	14.25
	泥鳅（藕）	25.5	16.2	4.9	2.6	14.08
	甲鱼（菱）	20.8	18.5	6.4	1.0	15.25

表 4-31　种养结合模式下鱼体内部分重金属元素含量及农兽药残留情况

年份	鱼类品种	铅	镉	铬	汞	铜	砷	六六六	滴滴涕	氟	土霉素	氯霉素	磺胺类	呋喃唑酮	乙烯雌酚
2011	乌鳢(藕)	—	—	—	0.0069	—	0.11	—	0.0039	—	—	—	—	—	—
	瓯江彩鲤(藕)	—	—	—	0.0043	—	0.069	—	0.011	—	—	—	—	—	—
	鲫鱼(藕)	—	—	0.052	0.00737	—	0.052	—	0.0092	—	—	—	—	—	—
	黄颡鱼(藕)	—	—	0.05	0.00914	—	0.22	—	0.016	—	—	—	—	—	—
	泥鳅(藕)	0.068	—	0.88	0.00887	—	0.02	—	0.012	0.96	—	—	—	—	—
	甲鱼(菱)	—	—	0.059	0.01	—	—	—	0.093	—	—	—	—	—	—
	乌鳢(菱)	—	—	0.08	0.0448	—	—	—	0.0036	—	—	—	—	—	—
2012	甲鱼(藕)	—	—	—	0.0248	—	—	—	0.026	0.16	—	—	—	—	—
	泥鳅(藕)	0.038	—	—	0.0101	—	—	—	0.014	0.67	—	—	—	—	—
	甲鱼(菱)	—	—	—	0.025	—	—	—	0.03	0.12	—	—	—	—	—
	乌鳢(菱)	—	—	—	0.128	—	—	—	0.0097	0.17	—	—	—	—	—
2013	甲鱼(藕)	—	0.0046	—	0.025	2.1	—	—	0.02	0.078	—	—	—	—	—
	泥鳅(藕)	0.062	—	—	0.00214	0.08	0.011	—	0.0075	0.69	—	—	—	—	—
	甲鱼(菱)	—	0.004	—	0.00026	0.76	—	—	0.02	0.17	—	—	—	—	—

第五节 嘉兴市秀洲区和全市种养结合模式推广情况

低洼田发展湿地农业、推广种养结合模式，实现了湿地农业的社会、经济、生态效益三丰收，受到了众多农业龙头企业和广大农民的欢迎。

项目实施期三年，仅嘉兴市秀洲区推广种养结合模式面积613hm²（表4-32）。2014年起实现大面积推广应用，2014年推广353hm²，2015年567hm²，2016年641hm²。2011-2016年累计推广2 173hm²。项目为嘉兴市低洼田湿地农业发展提供了强有力的技术支撑。2011—2016年，嘉兴市累计推广低洼田种养结合模式面积3 260hm²（表4-33），累计实现总经济效益19 766.11万元，新增社会经济效益13 106.98万元。

表4-32 2011—2016年秀洲区种养结合模式推广面积与经济效益

年度	2011	2012	2013	2014	2015	2016	合计
规模（hm²）	139	167	307	353	567	641	2173
新增纯收益(万元)	557.21	671.93	1 234.77	1 420.77	2 278.17	2 575.14	8 737.99
总经济效益(万元)	840.31	1 013.3	1 862.1	2 142.61	3 435.62	3 883.46	13 177.4

表4-33 2011—2016年嘉兴市种养结合模式推广面积与经济效益

年度	2011	2012	2013	2014	2015	2016	合计
规模公顷	208	251	461	530	850	961	3 260
新增纯收益(万元)	835.82	1 007.89	1 852.15	2 131.16	3 417.26	3 862.7	13 106.98
总经济效益(万元)	1 260.47	1 519.96	2 793.15	3 213.92	5 153.42	5 825.19	19 766.11

以项目实施核心区的秀洲区王江泾镇为例，该镇2012—2014年三年规划发展水生作物种植面积1 133hm²。2014年，王江泾镇湿地种养结合面积新增287hm²，总面积达1 695hm²，超额完成规划数149.6%，其中莲藕总面积达1 389hm²，种养结合面积达297hm²，超额完成规划数148.3%。新发展环菱6.7hm²、水芹1.3hm²、空心菜8hm²。目前，王江泾镇已形成莲藕、南湖菱、茭白、籽莲、慈姑、空心菜等水生植物套养乌鳢、甲鱼、瓯江彩鲤、泥鳅、黄颡鱼等水产品的多模式种养结合态势。

第五章　浙江省嘉兴市低洼田新型种养结合模式实践的典型案例

第一节　浙江运河湾农业科技有限公司

浙江运河湾农业科技有限公司是由嘉兴瑞海机械高科技有限公司、高腾国际投资有限公司（香港）投资的一家境内企业与境外公司合资的农业企业，主营农产品、养殖水产品，兼顾休闲旅游、农业观光等项目。公司于 2010 年 10 月 28 日注册运营，注册资金 3 000 万元。原注册名为浙江北部湾湿地农业生态科技有限公司，2017 年更名为浙江运河湾农业科技有限公司。公司现有正式员工 11 人，临时人员 40 人，特聘技术人员 3 人。在王江泾镇太平村经营“浙江北部湾生态农业园”（以下简称“农业园”）项目。经过近六年的建设，正在完成第二阶段的规划目标，向生产精品农产品迈进。

该公司向王江泾镇政府租用位于王江泾镇太平村周边的水田旱地 33.59 hm^2，鱼塘 35.55 hm^2，共计 69.13hm^2 农业生产用地。自 2011 年 1 月开始，结合嘉兴北部水网丰富、适宜水生作物种植与水面养殖的特点，大力发展种养结合模式。六年来，公司总投入 4 000 多万元，完成了经专家科学论证的“农业园”的建设。现在进入农业园，水面上分布各种水生蔬菜，地面上则有百亩果园，鱼塘里有多种水产品，初步实现了“资源丰富，品种繁多”的目标。同时，兼有游乐、餐饮、户外拓展训练场地等设施。绿草茵茵，河道清清，树木整齐，让人感觉到“农业园”的生产经营规模化、生产管理规范化、田园规划科学化、置身田园景区化的生态农业景象（图 5–1）。

从 2013 年始，该公司连续三年被评为“王江泾镇农业龙头企业”及“秀洲区农业龙头企业”。2014 年被命名为“农业部基层渔技推广体系改革与推广补助项目渔业科技示范基地”以及“浙江省淡水水产研究所成果转化示范基地”。2015 年又被国家旅游总局评为“金牌农家乐单位”。2016 年，该公司生

① 公司外景
② 套养在藕田中的甲鱼
③ 公司内部种养结合模式

图 5-1　浙江运河湾农业科技有限公司外景及内部种养结合模式

产的水蜜桃被评为“嘉兴市金奖”。

目前公司的主要生产经营内容如下。

（1）公司有标准化种养结合农田 8.27hm²，主要采用莲藕-甲鱼的种养结合模式（其中种鳖池 1.53hm²），另有孵化室 25m²，籽鳖越冬大棚 0.67hm²，甲鱼周转池 0.37hm²。从 2015 年开始，甲鱼供应市场。四年龄以上的甲鱼年保有量 8 万只左右，二年龄以上的在养甲鱼有近 20 万只。产值方面，莲藕平均每公顷的产量 11 250kg，产值约 2.25 万元。而甲鱼每公顷产值在 15 万元左右，两项相加每公顷产值约 17.25 万元，销售利润约 10.5 万元/hm²。公司全年销售收入 450 万元。

（2）莲藕种植方面，目前公司年生产莲藕约 20 万 kg，销售额约 60 万元。主要种植品种有鄂莲 5 号、建选 35 号、金芙蓉 1 号、太空莲 3 号、建选 17

号等。

(3) 2013 年，公司围圈了 2 400m² 筑池，从事大鲵的养殖。现在可供销售的三年以上大鲵近 1 500 尾。

(4) 公司现有果园面积 6.33hm²。主要种植水蜜桃、槜李、枣蜜桃、油桃等，年销售收入约 30 万元。2016 年，公司首次参加嘉兴市精品果蔬展销会，参评的水蜜桃获得了市级金奖。

(5) 目前，公司淡水鱼养殖面积近 26.67hm²，主要养殖品种包括青鱼、鲫鱼、草鱼、鳊鱼、鲢鱼等。年销售收入约 800 万元。

在已经顺利完成第一个三年计划各项目标任务的基础上，公司将在第二个三年计划期内，以湿地环境为基础，用现代的农业科技手段，改良土地，改善水质，真正做到种植和养殖的有机结合，不断提升农产品品质，生产出老百姓喜欢的有机农产品，进一步提升湿地农业开发利用的经济社会生态效益。

联系人：张益平　　电话：0573-83806836　13905738977

地址：嘉兴市秀洲区王江泾镇太平村木闸浜

第二节　嘉兴市垚泉生态农业有限公司

嘉兴市垚泉生态农业有限公司前身为秀洲区垚泉生态农场，成立于 2009 年 8 月，2013 年 5 月更名为嘉兴市垚泉生态农业有限公司。公司座落于嘉兴市秀洲区新塍镇桃园村，注册资金 1 080 万元。目前有职工 8 人，其中技术人员 3 名（图 5-2，图 5-3）。

图 5-2　嘉兴市垚泉生态农业有限公司外景

图 5-3　嘉兴市垚泉生态农业有限公司内南湖菱套养甲鱼模式

该公司主要从事甲鱼的生态健康养殖，在新塍镇桃园村、小金港村建有两个示范园区。其中桃园示范园区鱼塘面积 13.87hm^2，菱鳖套种面积 12.87hm^2，虾鳖混养面积 1hm^2。小金港示范园区鱼塘面积 15.73hm^2，养殖鳖 5.33hm^2，养殖青虾 10.4hm^2。2015 年总产值 685 万元，纯收入 235 万元，其中南湖菱套养甲鱼模式 2013—2015 年三年平均每公顷产值 25.55 万元，平均每公顷效益约 19.17 万元。

公司曾获得多个奖项与荣誉。2010 年 12 月通过省级无公害产品认证，2012 年 2 月通过省级有机农产品认证，2012 年 9 月，公司生产的甲鱼获得中国（南方）国际海产品博览会金奖，2013 被命名为秀洲区甲鱼养殖标准化推广示范基地。

联系人：凌金云　　电话：15105835418

地址：嘉兴市秀洲区新塍镇桃园村麻皮桥

第三节　嘉兴市秀洲区绿波岛农场

嘉兴市秀洲区绿波岛农场成立于 2010 年 1 月，注册资金 80 万元，为个体独资企业，是集水生蔬菜种植和水产养殖为一体的种养结合农业主体。农场位于嘉兴市秀洲区油车港镇合心村，距申嘉湖高速路口 3km。

农场面积 21.7hm^2，主要从事水生蔬菜种植，开展种养结合新型农作模式。有多年从事特种水产养殖和水生蔬菜种植的实践经验。近年来农场开展的种养结合的新型农作模式（南湖菱套养甲鱼、南湖菱套养乌鳢等）取得了一定的经验和效益（图 5–4）。

图 5–4　嘉兴市秀洲区绿波岛农场外景

绿波岛农场2010年被评为嘉兴市“菜篮子工程”市级蔬菜基地、2011年被评为省级渔业精品示范园、2011年被评为秀洲区示范性家庭农场、油车港镇示范性农场、2012年被评为市级示范性家庭农场、2014年评为省级示范性家庭农场。

联系人：张炎　电话：13505736913

地址：嘉兴市秀洲区邮车港镇合心村

第四节　嘉兴市秀洲区忠保农产品专业合作社

嘉兴市秀洲区忠保农产品专业合作社位于“中国田藕之乡”——王江泾镇。2011年08月通过工商注册成立，社员6名，出资总额50万元，其业务范围主要包括粮食、水生蔬菜种植、淡水鱼养殖和为社员提供技术指导、信息咨询、收购农产品、销售等服务。合作社通过“合作社+基地+农户”，实行统一收购，统一销售，拥有广阔、稳定的销售渠道，产品远销浙江、上海、北京、广东、江苏等地。

近年来，该合作社在市、区、镇相关部门支持下，大力发展湿地农业，由创办初期的80公顷发展至373.33hm^2。探索发展湿地种养结合模式，其中藕–鱼种养结合模式面积26.69hm^2，稻–鱼种养结合模式面积5hm^2。同时，合作社大力引进藕莲新品种，包括“鄂莲3号”“鄂莲5号”“鄂莲6号”“大头飘花”“红山荞”等。

为进一步做大产业、增强合作社产品知名度，2013年7月合作社注册商标“新农保”。合作社研制的新型挖藕机也获得国家发明专利、实用新型专利授权。合作社社长姚忠保荣获“嘉兴市2013年优秀农村科技示范户”称号。2014年合作社被评为区级示范性农民专业合作社。同时，合作社组织30名挖藕人员、配备9台专业挖藕机成立了秀洲区首支机械挖藕服务队，通过组建和培育专业机械挖藕服务队伍、大力推广新型喷枪式挖藕机，提升机械挖藕社会化服务水平，有效解决了种藕容易挖藕难的问题，实现年机械挖藕服务面积达到333.33hm^{2}以上。2015年合作社生产的莲藕产品获国家级绿色食品证书，同年4月合作社建设成立生鲜莲藕分类中心，实现生鲜莲藕初加工，为进军商超、拓宽市场奠定了基础。2015年，合作社销售额达3 360万元，利润达362万元，带动农户增收865万元，经济效益显著（图5–5）。

① 稻田套养甲鱼模式
② 藕田套养瓯江彩鲤模式
③ 公司外景

图 5-5 嘉兴市秀洲区忠保农产品专业合作社外景及内部套养模式

合作社今后将进一步致力于发展湿地农业，将新型的种植、种结合模式以及特色优良品种、先进管理模式推广到周边的农户中去，带动农户加入到生态农业建设中来，促进新农村的建设。

联系人：姚忠保 电话：0573-82076391 13905737262

地址：嘉兴市秀洲区王江泾镇栋梁村

网址：http：//jxzbncp.com/

第五节 嘉兴市彩荷农业科技有限公司

嘉兴市彩荷农业科技有限公司成立于 2011 年，是一家较早开展莲藕规模化种植的企业。全年种植莲藕产量达 4 000t，总产值 1 700 余万元。期间成功地在藕田里套养甲鱼、乌鳢、泥鳅等水产品。先后完成了国家级、省级试验项目 2 个，并创立 “红娘子” 农场品牌。被评为秀洲区区级农业龙头企业以

图 5-6　嘉兴市彩荷农业科技有限公司基地内外景及各类产品

及秀洲区妇女联合会秀洲区双学双比示范基地（图 5-6）。

2017 年，增资扩股至 500 万元，开始进行莲藕类产品加工，并创建了“莲泗荡”系列产品品牌并开发建设了“三味藕堂”农产品展销基地和莲藕产学研基地，致力于实现农村生产、生活、生态“三生同步”，以及与文化旅游“三产融合”的新型田园式综合性基地。

联系人：李秀英　电话：13017797551

地址：嘉兴市秀洲区王江泾镇三味藕堂

嘉兴市鸣羊路 176 号兴汇大厦 5 楼

第六节　嘉兴市建慧生态农业科技有限公司

嘉兴市建慧生态农业科技有限公司，于 2012 年成立，注册资金 50 万元。公司地处嘉兴市秀洲区王江泾镇北部。现有员工 25 人，其中专业技术人员 3 人，专业营销人员 2 人。现有养殖基地 3 处，鱼塘水面养殖总面积 75.8hm^2，其中栋梁村凌字圩 18.13hm^2、田青村菜字圩 4.33hm^2、梅家荡 53.33hm^2（图 5-7）。

该公司是一家集苗种繁殖、养殖生产、水生蔬菜种植、水产科研、产品流通为一体的综合性生态农业科技有限公司。通过实行“公司+基地+渔农”的产业化经营、市场化运作模式，辐射带动周边渔农进行水产养殖，现已具备一定的生产经营规模。目前公司养殖水产品种主要有青鱼、草鱼、鲢鱼、鳙鱼、鲤鱼以及乌鳢、甲鱼、黄颡鱼、翘嘴鳜、虾类等名优水产品。其中栋梁村凌字圩基地主要以养殖乌鳢、甲鱼为主，另外种植水生蔬菜面积6.67hm²。梅家荡基地主要以养殖青鱼为主。田青村菜字圩基地则以苗种繁殖和虾类养殖为主。

该公司年销水产饲料 1 300t，年销售收入约 650 万元。年产鱼虾等水产品 1 000t，年销售收入约 1 000 万元。目前，企业的年销售收入呈逐年增长趋势，创造了良好的经济效益和社会效益。

联系人：费建平　电话：18857365999

地址：嘉兴市秀洲区王江泾镇栋梁村

① 乌鳢塘面种植空心菜模式
② 乌鳢塘面种植空心菜模式
③ 公司外景

图 5–7　嘉兴市建慧生态农业科技有限公司基地外景及乌鳢塘面种植空心菜模式

第七节　嘉兴市秀洲区永红农产品专业合作社

嘉兴市秀洲区永红农产品专业合作社成立于2013年，位于嘉兴市秀洲区王江泾镇廊下村。合作社现有土地面积29.47hm²，主要从事稻鳖、稻鳅、稻鱼、稻虾种养结合和轮作生态养殖。

2014合作社养殖的甲鱼和泥鳅通过农业部无公害认证，并注册了商标。2015年合作社生产总值达到400万，利润超50万元。在政府有关部门的支持引导和帮助下，合作社加大生产规模，下属的北圩园生态农场在2016年继续向廊下村经济合作社承包稻田鱼塘14.2hm²，继续从事种养结合生态开发。2016年，该合作社水稻–泥鳅种养结合模式面积8.67hm²，水稻–瓯江彩鲤种养结合模式面积2.33hm²、水稻–甲鱼种养结合模式面积4.33hm²，稻田套养和轮作青虾养殖面积14hm²，稻田套养小龙虾面积1.33hm²、稻田套养南美白对虾面积5.33hm²，另外还有2.67hm²用于加州鲈鱼的养殖（图5–8）。

联系人：金国华　电话：0573–83822939　13906833902

地址：嘉兴市秀洲区王江泾镇廊下村

图5–8　嘉兴市秀洲区永红农产品专业合作社外景

第八节 嘉兴市秀洲区笃悠悠生态农场

嘉兴市秀洲区笃悠悠生态农场成立于 2014 年 3 月，座落于秀洲区油车港镇东千亩荡东滩的麦家村，共承租经营土地 17.8hm^2，其中水田面积 5.33hm^2，鱼塘面积 12.47hm^2。所承租土地地势相对低洼，远离村民居住地，土地相对联片，且比较幽静，很适合实行综合种养模式农业开发。农场成立以来，坚持“以人民生计为本、互助合作为纲、多元经营为根”的行动原则，充分发挥低洼地的特点，扬长避短，积极发展种养结合模式及综合水产养殖。

农场现有稻田种养面积 5.33hm^2，主要为水稻田套养甲鱼模式，其他则进行水产养殖，主要养殖品种包括青鱼、草鱼、鲫鱼以及黄颡鱼、翘嘴鲌、南美白对虾、青虾等名特优水产品（图 5-9）。

2015 年，农场销售收入超过了 380 万元，实现利润 115 万元，被秀洲区渔业局评为 2015 年度优秀渔业科技示范户。

联系人：顾新华 电话：13806733324

地址：嘉兴市秀洲区油车港镇水产品交易市场 201 室

图 5-9 嘉兴市秀洲区笃悠悠生态农场外景

第九节 浙江乐丰年农业科技有限公司

浙江乐丰年农业科技有限公司初创于 1999 年 9 月，是一家集农业种植和农产品深加工的农业龙头企业，特别是在水生作物莲藕的种植和深加工方面，在行业内排行前列。公司总部位于浙江省嘉兴市秀洲区，工厂面积 27 500m^2，拥有员工 300 多人，年生产各类深加工食品 2 万 t，涵盖八宝饭、粽子、荷叶肉排宝饭、速冻调理菜肴、速冻米面点心、各式卤味、真空包装卤味、莲藕调理菜肴、藕粉、荷叶茶、莲藕饮料等（图 5–10）。

目前公司直营种植基地 1 500 多 hm^2（公司直营基地分别位于嘉兴市、无锡市、镇江市）。其中 67 hm^2 通过无公害和绿色食品基地认证，带动当地农户种植莲藕 26 000 余 hm^2。公司以“建立现代企业、开发农产品深加工产业、打造良心品牌”为发展理念，逐步建立以科研、生产种植、农产品深加工为基础的全渠道销售和畅通的国内国际市场销售网络，有条件地进行全国主要地区的商业运营。

联系人：李利明　电话：13819338878

地址：嘉兴市秀洲区油车港镇正龙路 123 号

网址：http：//www.zjlfn.com/

①

②

③

① 蜜汁藕加工过程
② 蜜汁藕加工过程
③ 公司外景

图 5–10　浙江乐丰年农业科技有限公司外景及蜜汁藕加工过程

第六章　嘉兴市秀洲区低洼田湿地农业发展的展望

第一节　嘉兴市秀洲区“十三五”期间有关湿地农业发展的规划

一、“十三五”期间秀洲农业总体布局将突出发展湿地农业作为重点之一

（一）在构建“三区两镇一带”农业产业发展新格局规划中，突出建设北部湿地农业集聚区和湿地农旅小镇

以“南、中、北”现代农业综合区建设为基础，进一步推进生产要素集聚、资源集约利用、全产业链发展、产业相互融合和区域协调发展，构建“三区两镇一带”农业产业发展新格局，打造现代农业园区升级版。其中：

一是建设北部湿地农业集聚区。以王江泾、油车港省级现代农业综合区为中心，重点提升湿地农业和现代渔业两大产业，拓展生态、休闲、文化功能，建设集种苗繁育、湿地作物、生态渔业、种养结合、产品加工、市场交易、休闲观光等于一体的湿地农业和现代渔业产业集聚区。

二是建设湿地农旅小镇。以湿地农业和精品葡萄两大产业为基础，结合湖群湿地、农耕文化、秀洲农民画、民俗活动，培育以油车港镇为中心，具有江南水乡文化特色的湿地生态田园农旅小镇。

（二）在提升“4+1”主导产业规划中，低洼田湿地农业发展放在了重要位置

1. 在“粮油产业”发展方面，创模式增效益

稳定粮食播种面积，创新稻菜轮作、稻瓜轮作、稻鱼轮作等多种“千斤粮万元钱”粮经轮作新型农作模式。挖掘旱粮作物潜力，因地制宜扩种红薯、马铃薯、玉米、大豆等旱粮作物，增加粮食生产经济效益。

2. 在“瓜菜产业”发展方面，提升发展水生蔬菜

稳定水生蔬菜种植面积在2 667hm²，引进莲藕、茭白等水生蔬菜优质种质，加大藕褪褐斑、菱保鲜、茭白生态化种植、采藕机械、水生蔬菜制品的技术研发，推广菜渔共生农作模式，完善水生蔬菜和水稻轮作机制与地力提升技术，推进水生蔬菜健康发展。

3. 在“渔业产业”发展方面，推进科技兴渔战略

积极推广生态立体混养和稻鱼共生与节水养殖模式，开展渔业引种育种、高效生态养殖、水产精深加工、渔业资源综合利用、节能减排和生态环境改良等关键共性技术研发，加强渔业疫病防控体系的建设，强化疫病测报与防控指导。计划推广水产健康生态养殖面积0.23hm²，新型稻田养鱼面积867hm²，探索建设渔场监控、水质监测和产品监管的“智慧渔业”信息管理试点8个。

4. 在“农旅产业”发展方面

以“南、中、北”现代农业园区为基础，结合江南水乡田园自然风光和温泉开发，融入传统风俗、文化元素和时尚消费理念，提升园区的生态、生活、文化功能，加快拓展休闲采摘、农事体验、农业科普等功能，推动“农业+旅游”融合发展，重点培育王店荷兰花卉和油车港湿地农业两大特色小镇，着力打造王店聚宝湾、新塍温泉、王江泾“荷塘叶色”三大农旅结合区。到2020年，成功创建AAAA级景区1个，培育农业+旅游示范基地30家，休闲观光农业产值突破3亿元。

二、湿地农业发展融合于秀洲区“十三五”时期现代农业建设主要任务与重点工程

（一）主要任务

1. 加快产业融合发展，全面提升农业组织化水平

（1）强化龙头带动。重点培育有潜力、有远见、辐射带动力强的新型农业经营主体。引导种养大户向家庭农场转型，规范提升农民专业合作社，增强社会化服务能力和农民增收能力。

（2）强化产业链延伸。加快培育粮食、果蔬、水产生产基地“接二连三”步伐，引导工商资本投入种子种苗、农产品加工、营销、物流领域，重点培育青鱼、葡萄、莲藕等三条产值超3亿元的全产业链。

（3）强化社会化服务。深化供销合作社和农业生产经营管理体制改革，

通过 2~3 年努力，完成构建集生产、供销、信用“三位一体”的农民合作经济组织体系及有效运转的体制机制。

2. 加强资源保护利用，全面提升农业生态化水平

（1）加强农业污染综合治理。以治水、治气、治土为核心，围绕畜牧业减量提质、渔业转型助治水、农药化肥减量控害增效等工程，推行标准化、生态化、清洁化生产，加快农业面源污染治理工作力度，实现农业生产、生活环境的根本性改变。

（2）强化秸秆资源化综合利用。主推秸秆还田技术，示范推广秸秆育菇和秸秆青贮技术；引导组建秸秆收储、青贮等社会化服务组织，因地制宜推进秸秆肥料化、饲料化、能源化、基料化、原料化综合利用。

（3）推进生态循环农业发展。着力推进省级现代生态循环农业整建制推进区创建工作，积极推广应用农牧对接、粮经轮作、间作套种、林下经济、菜鱼共生、藏粮于地等新型生态化农作制度，大力实施肥药减量控害增效技术、测土配方施肥等清洁化生产技术，严格实行土壤、水域保护制度，分步推进土壤污染及水环境修复治理，加快绿肥培土、水肥一体化技术和新型肥料应用，探索并建立肥药废弃包装物和废弃农膜回收处置机制。

3. 强化产品质量安全，大力推进农业品牌化建设

（1）提升农业标准化水平。大力推进农业标准化，突出抓好农业质量标准体系、生产环节标准体系和农产品质量安全检测体系。制定和实施农业产前、产中、产后各环节的技术要求和操作规范，逐步形成涵盖种子种苗、设施农业、循环农业、质量安全追溯等领域的农业标准体系。同时，重点推进农业标准化基地建设，探索推行产地标识管理、产品条形码制度。

（2）大力推行品牌化经营。积极依托现有特色产品基础，以技术为支撑，以营销策划为手段，加强产业集聚、品牌整合与品牌创建，提升品牌知名度；建立健全农业质量标准、检测、认证和执法体系，引导主体“三品一标”认证；发挥龙头效应，大力发展“龙头企业+基地+农民”“合作社+基地+社员”的产业化经营模式，开拓农产品直销、配送、宅配等营销窗口，做强三园鸡、精品大米、青鱼、莲藕、葡萄等拳头产品品牌，创新开发南湖菱、槜李、油桃等特色品牌，全力打造秀洲区域公共品牌。结合农业、农耕文化资源的挖掘来提升品牌知名度；结合农业旅游开发来打造、培育品牌。

（3）加强农业安全监管。抓好动物疫病防控和“瘦肉精”等投入品的监测，加强生猪定点屠宰管理，严控重大动物疫病，保障畜产品安全。加强种子

种苗产地、调运检疫，加大农作物病虫害防控力度，确保种子种苗产地检疫监管率保持在95%以上，调运检疫证监管率100%，农作物病虫害损失率控制在5%以内。加大农机安全隐患排查力度，加强国有水域管理，严厉打击电捕鱼等非法捕捞行为，全面杜绝各类侵农、害农事件发生，确保农业生产安全。

4. 加强物质装备升级，着力改善农业设施条件

（1）加强农田基础设施建设。整合资源，通过农业重点项目实施，加强耕地质量建设，加大两区基础设施投入。优化“两区”规划和产业布局，严格实行农业产业项目准入制度。重点引导种好粮食，切实控制“非粮化”。整合相关项目、资金和力量，进一步推进土地综合治理、高标准农田、农田水利和美丽田园建设，完善农机作业道路、水利、绿化和防护林，高标准创建国家级现代农业示范区。

（2）提高农业设施化水平。继续加大蔬菜大棚、果树棚架、喷微滴灌、肥水一体化、高效植保施肥装备、饲料自动饲喂系统、水产高效节能增氧系统、秸秆收储与还田机械等现代设施装备的推广应用，加快农业现代化建设步伐。

（3）提高农业机械化水平。以稻麦油三大作物全程机械化、农业高效节水灌溉等项目建设为契机，深入实施农机购置补贴政策，组织开展农业“机器换人”示范区创建，加大对主要作物和设施农业专用型新机具引进与示范推广力度，加快农机产品升级换代，提高农业综合机械化率，促进农业机械向自动化、智能化、智慧化方向转变。

5. 强化科技创新驱动，着力加快农业信息化发展

（1）加快农业科技创新。强化区域农业科技创新平台建设和主体科技创新，凸显现代农业园区、科技孵化器和众创空间功能，重点在新品种、新技术、新装备、新模式、新产品、新工艺等领域发挥科技创新引领作用；创新农技推广体制机制，积极引进与培养农业科技推广领域领军型人才，建设科技创新团队、基层农技人员、农业生产主体紧密型农技推广服务体系。

（2）推进现代种业发展。进一步加强与浙江省嘉兴市农业科学研究院（所）等科研院所、种业公司联姻，加快常规水稻和杂交水稻制繁种基地建设，加大四大家鱼等种质资源保护力度，组织开展新品种示范，推广一批具有品质、抗性与产量协调优势且适应机械化生产的新品种。

（3）大力发展“互联网+”现代农业。以农业电商换市场、信息换名片、智能换空间为目标，开展“互联网+”现代农业行动，打造农业发展新引擎、

培育新动力，助推现代农业转型升级。重点围绕“互联网+”农业大数据、农业生产、标准体系、农业经营、产品监管、农业服务领域加快互联网技术运用；加快区级粮经作物病虫害监测和土壤环境动态监控数据共享平台、智慧农业公共服务平台、农产品质量互联共享信息平台建设；大力发展农业电子商务，鼓励并支持各类农业主体借助电商平台开展网上营销，实现农产品与大市场的电商对接。

(二) 重点工程

围绕重点建设任务和产业区域布局，着力实施对现代农业发展和产业转型升级具有引领性、示范性和可操作性的六大建设工程和配套项目，为加快现代农业发展、实现“十三五”规划目标提供强有力支撑。

1. 稳粮增效促进工程

围绕“稳粮增效保安全”的工作目标，结合国家级高标准农田建设和秀洲区粮食生产功能区建设 2 个项目，整合各类粮食生产扶持资金，开展农田基础设施和农田地力提升工程，提升粮食综合生产能力，促进粮食产业提质增效。“十三五”期间，实施国家高标准农田建设项目 1 467hm^2、新建粮食生产功能区建设 1 400hm^2、农田地力提升工程 1 380hm^2，配方肥、有机肥和秸秆还田等培肥投资 400 万元，全面建成粮食生产功能区 10 687hm^2。

2. 主导产业提升工程

以“集聚、特色、精品”和绿色发展为主题，结合“一区一镇”创建、“三区两镇一带”建设和农业“两区”提升发展为载体，以主导产业发展的优势区域和农业基础设施、生产设施等关键环节为着力点，统筹各级专项资金，重点提升粮食、瓜菜、林果、水产四大主导产业转型升级，引导拓展农旅新兴产业，促进农业资源要素、农业全产业链发展和一二三产业深度融合。“十三五”期间，建成 3 个现代农业产业集聚区，2 个特色农业小镇，1 条精品水果产业带，3 个农旅结合区，3 条农业全产业链。

3. 生态循环农业创建工程

围绕“一控两减四基本”和农业可持续发展，以创建省级现代生态循环农业整建制推进区为抓手，以王店洪合省级现代生态循环农业样板示范区建设为先导，结合外荡渔业水域生态修复和农作物秸秆综合利用项目，组织实施控制农业用水总量、化肥农药零增长、畜禽粪便和农作物秸秆资源化利用及水域生态修复四项行动，整县制推进农业废弃物回收处置及资源化利用生态补偿，全面构建较为完善的现代生态循环农业制度体系和长效机制。到

“十三五”末，全区节水农业覆盖率达30%，氮肥、农药使用量减6%和9%，规模畜禽养殖场排泄物和秸秆综合利用率分别达到100%和95%，农业投入品废弃包装物与废弃农膜回收处理长效机制全覆盖。

4. 农产品质量安全保障工程

以保障农产品质量安全和维护公众健康为目标，突出产地环境保护，重点抓好产地治水、治土、治气；突出全程监管，严把农资市场准入关、农产品市场准入关、产地产品准出关，推进农产品质量安全追溯体系和监理体系，加强重大植物疫情阻截带、菜篮子产品预警和动物防疫体系建设；突出标准化生产，强化农业标准执行，推行品牌化生产和鼓励“三品一标”认证。到“十三五”末，标准化实施率提高到65%，主要食用农产品中“三品”比率达到55%以上，农产品抽检合格率保持在98%以上，高质量成功创建省级农产品质量安全示范区。

5. 农业物质装备提升工程

以农业“两区”提升建设为目标，以农田基础设施和农机装备升级改造、节水灌溉、设施农业、冷链物流、智慧农业建设为重点，推进高标准农田、农业机械化和设施化水平、“互联网+”现代农业建设，提高现代农业抗灾、生产、经营、服务能力。到“十三五”末，创建水稻全程机械化全国示范县，实施农业高效节水灌溉面积1 733hm^2，中央财政小型农田水利项目1个，果蔬冷链物流重点项目1个，创建省级“机器换人”示范镇1个、示范村和示范基地3个。

6. 农业科技创新引领工程

坚持“创新引领秀洲未来”发展理念，重点围绕新品种、新技术、新装备和新型农作制度、种养模式、产品加工等领域，全面实施科技创新引领工程。加强与大专院校、科研院所联姻，加大新型职业农民和基层农技人员培育，切实提高农业科技成果的转化率和贡献率。“十三五”期间，扶持建设农产品电商平台1个，物联网应用示范基地10家，育繁推一体化现代农作物种业集团1家，培育农业科技示范户2 000户，培育新型职业农民500名、农村实用人才3 000名；良种覆盖率达99%，标准化程度实施率和农业科技贡献率均达到65%以上。

第二节　嘉兴市秀洲区低洼田湿地农业发展的展望

浙江省嘉兴市秀洲低洼地区湿地农业发展潜力巨大。总目标是以农业供给侧结构性改革为主线，创新理念，探索实践，不断提升种养结合技术水平，不断提高水生蔬菜全产业链加工增值水平，不断推动水生蔬菜及水产行业上新台阶，实现农业增效、农民增收、农村增美。

一、进一步加强认识，为湿地农业发展竖立信心

要正确认识湿地农业发展中的成效及存在的问题，坚定不移结合自身优势发展湿地农业。

二、加强湿地农业科研，为湿地农业发展提供技术支撑

湿地综合种养方面，针对套养品种、套养规格、套养密度、投饲方式等配套技术开展相应研究，形成一套标准化、操作性强的规程，科学指导农户开展湿地种养。

三、延长湿地农业产业链，进一步拓展湿地农业功能

通过整合资源要素，促进产业集聚，推进水生蔬菜尤其是莲藕、菱角等加工产业的建设。同时，并着力在休闲功能食品开发等方面取得突破，扩大水生蔬菜品牌效应，进一步提高产品的附加值。结合农业节庆活动，开展特色乡村旅游。举办好江南网船节、莲藕观赏节等活动，进一步提升区域和产业知名度。

四、进一步发挥社会共建作用，为湿地农业发展营造良好的投资环境

加强政府引导，鼓励企业积极争取项目，加大项目带动力度。紧紧抓住现代农业园区建设的有利时机，结合国家、省、市农业项目建设重点，根据本区域产业特色，整合要素，发挥资源技术等优势，积极包装、申报项目，以项目实施为平台，夯实产业发展基础，增强示范带动效应，达到扩量增效之目的。积极引导更多更好的人才、智力、资金等资源流向湿地农业，支持湿地农业，服务湿地农业。对一些工业反哺农业的典型要作好宣传，提升企业家的荣誉感和使命感，从而引导更多的企业投入到湿地农业中来，为湿地农业的进一步发展出资出智出力。

参考文献

曹凑贵，汪金平，邓环. 2005. 稻鸭共生对稻田水生动物群落的影响［J］. 生态学报，25（10）：2644–2648.

蔡仁逵. 1991. 中国淡水养殖技术发展史［M］. 北京：中国科学技术出版社，151，154，160.

陈飞星，张增杰. 2002. 稻田养蟹模式的生态经济分析［J］. 应用生态学报，13（3）：323–326.

陈世检，蔡述明，罗志强. 1997. 生态工程在湖垸湿地农业持续发展中的应用［J］. 长江流域资源与环境，6（3）：253–258.

陈宜瑜. 1995. 中国湿地研究［M］. 长春：吉林科学教育出版社，10–39.

程云生. 1983. 水稻的排水及其意义［J］. 土壤学报，20（3）：215–222.

程旺大，沈亚强，姚祥坦. 2014. 嘉兴北部低洼田湿地农业种养结合模式构建及其机理研究（摘要）［M］//嘉兴市农业技术推广基金会. 生态循环时空换土地模式构建与技术.上海：上海科学技术出版社，179–243.

杜宝汉，李永安. 2001. 洱海鱼类多样性危机及解危对策［J］. 环境科学研究，14（3）：42–44，55.

丁疆华，温琰茂，舒强，等. 1999. 鄱阳湖湿地保护与可持续发展［J］. 环境与开发，14（3）：42–44.

丁雪卿. 2010. 改进的内梅罗污染指数法在集中式饮用水源地环境质量评价中的应用［J］. 四川环境，29（2）：47–51.

方芳. 2000. 长江中游湖泊湿地复合生态农业建设的实践与思考［J］. 环境科学与技术，90：70–72.

谷朝君，潘颖. 2002. 内梅罗指数法在地下水水质评价中的应用及存在问题［J］. 环境保护科学，28（109）：45–47.

胡成龙，姜加虎，陈宇炜，等. 2014. 湖北省湖泊大型底栖动物群落结构及水质生物学评价［J］. 生态环境学报，23（1）：129–138.

胡绵好，袁菊红，杨肖娥. 2010. 水生蔬菜对富营养化水体净化及资源化利用［J］. 湖泊科学，22（3）：416–420.

何帮映. 1998. 综合改良低洼田［J］. 安徽农业，4：27.

何池全，赵魁义，余国营，等. 2000. 湿地生态过程研究进展［J］. 地球科学进展，15（2）：165–169.

何彦敏，杨堂亮，刘杰，等. 2010. 洱海鱼类资源现状调查研究［J］. 楚雄师范学院学报，25（3）：53–58.

黄璟，雷海章，黄智敏. 2001. 论我国江汉平原湿地农业的可持续发展［J］. 生态经济（6）：44–45.

黄毅斌，翁伯琦，唐建阳，等. 2001. 稻–萍–鱼体系对稻田土壤环境的影响［J］. 中国生态农业学，9（1）：74–76.

淮培明，蔡述明，朱海虹，等. 1994. 三峡工段与长江周游湖泊洼田环境［M］. 北京：科学出版社，95–98.

蒋友坤，张永旺. 2016. 鱼种池套养“太湖 1 号”青虾技术要点［J］. 渔业致富指南（3）：47–48.

蒋高中，赵永锋. 2011. 中国综合养鱼发展的历史回顾与发展趋势研究［J］. 中国农学通报，27（20）：79–86.

吕东锋，王武，马旭洲，等. 2010. 稻蟹共生系统河蟹放养密度对水稻和河蟹的影响［J］. 湖北农业科学，49（7）：1 677–1 680.

吕宪国，黄锡畴. 1998. 我国湿地研究进展–献给中国科学院长春地理研究所成立 40 周年［J］. 地理科学，18（4）：293–300.

吕宪国，刘晓辉. 2008. 我国湿地研究进展–献给中国科学院长春地理研究所成立 50 周年［J］. 地理科学，28（3）：301–308.

刘红梅，赵建宁，李刚，等. 2010. 我国湿地农业可持续发展存在的问题及对策［J］. 现代农业科技，13：342–343.

刘权，马铁民. 2004. 中国湿地保护策略研究［J］. 中国水利，17：10–12.

李宗尧，李兴旺. 2009. 安徽省沿淮洼田治理现状及对策［M］. 合肥：安徽大学出版社，173–177.

李振华，管光生. 1996. 改造湖区低产田的研究［J］. 灌溉排水，15（4）：38–40.

李乐农，彭克勤，孙福正，等. 1999. 洪渍对棉花产量及其品质的影响［J］. 作物学报，2（1）：109–115.

李晓储，刘贵阳，黄利斌，等. 2001. 扬州市琪江低湿江滩地林农复合构建模式早期经济效益研究［J］. 江苏林业科技，28（5）：6–10.

李成芳，曹凑贵，汪金平，等. 2009. 稻鱼共作生态系统土壤可溶性有机 N 的动态和损失［J］. 生态学报，29（5）：2 541–2 550.

李亚松，张兆吉，费宇红，等. 2009. 内梅罗指数评价法的修正及其应用［J］. 水资源保护，25（6）：48–50.

李岩，王武，马旭洲，等. 2013. 稻蟹共作对稻田水体底栖动物多样性的影响［J］. 中国生态农业学报，21（7）：838–843.

李岩. 2013. 稻蟹共生对稻田水体浮游生物和底栖动物影响的研究［D］. 上海：上海海洋大学，1–41.

刘月英. 1979. 中国经济动物志 淡水软体动物［M］. 北京：科学出版社，1–134.

孟宪德，吴万夫. 2001. 我国稻田养殖现状的分析［J］. 北京水产（5）：10–12.

马成有，曹剑锋，姜纪沂，等. 2006. 改进的尼梅罗污染指数法及其应用–以磐石市地下水环境质量评价为例［J］. 水资源保护，22（4）：53–55.

宁振亚，王秀云. 1988. 三江平原土壤的成涝原因和治理措施［J］. 土壤通报（6）：252–255.

瞿莹华. 2007. 湿地保护中的公众参与研究［D］. 上海：上海交通大学，11–12.

秦春燕. 2013. 长江三角洲淡水底栖动物耐污值修订和 BI 指数水质评价分级研究［D］. 南京：南京农业大学，27–34.

任晓华. 1995. 湖北省湖泊资源特点及开发利用［J］. 长江流域资源与环境，4（4）：308–314.

邵海荣，杜建军，单宏臣，等. 2005. 用空气负离子浓度对北京地区空气清洁度进行初步评价［J］. 北京林业大学学报，27（4）：56–59.

沈荣开，王修贵，张瑜芳，等. 1999. 涝渍排水控制指标的初步研究［J］. 水利学报（3）：71–74.

汤广民. 1999. 以涝渍连续抑制天数为指标的排水标准试验研究［J］. 水利学报（4）：25–29.

吴甫成，姚成胜，郭建平，等. 2006. 岳麓山空气负离子及空气质量变化研究［J］. 环境科学学报，26（10）：1 737–1 744.

吴东浩，王备新，张咏，等. 2011. 底栖动物生物指数水质评价进展及在中国的应用前景［J］. 南京农业大学学报，34（2）：129–134.

王海芳. 2009. 湿地及其保护对策［J］. 河北农业科学，13（1）：49–50.

王国峰，许福康，张益农，等. 1991. 浙北嘉湖平原三熟制农田渍害的研究［J］. 土壤通报，22（l）：16–19.

王克林，刘新平. 1995. 洞庭湖湿地抗逆型农业开发模式研究［J］. 国土与自然资源研究（3）：18–22.

王克林. 1999. 洞庭湖区湿地生态功能退化与避洪、耐涝高效农业建设［J］. 热带地理，19（2）：130–136.

王明荣，王其荣. 2013. 池塘“太湖 1 号”青虾繁苗技术［J］. 科学养鱼（12）：9.

王洪铸. 2002. 中国小蚓类研究：附中国南极长城站附近地区两新种［M］. 北京：高等教育出版社，1–228.

王备新，杨莲芳. 2004. 我国东部底栖无脊椎动物主要分类单元耐污值［J］. 生态学报，24（12）：2 768–2 775.

王昌付，汪金平，曹凑贵. 2008. 稻鸭共作对稻田水体底栖动物生物多样性的影响［J］. 中国生态农业学报，16（4）：933–937.

汪清，王武，马旭洲，等. 2011. 稻蟹共作对土壤理化性质的影响［J］. 湖北农业科学，50（19）：3 948–3 952.

汪金平，曹凑贵，金晖，等. 2006. 稻鸭共生对稻田水生生物群落的影响［J］. 中国农业科学，39（10）：2 001–2 008.

辛德惠，李维炯. 1990. 浅层咸水型盐渍化低产地区综合治理与发展［M］. 北京：北京农业大学出版社，1–17.

夏如兵，王思明. 2009. 中国传统稻鱼共生系统的历史分析–以全球重要农业文化遗产“青田稻鱼共生系统”为例［J］. 中国农学通报，25（5）：245–249.

余国营. 2001. 湿地研究的若干基本科学问题初论［J］. 地球科学进展，20（2）：177–182.

由文辉，刘淑媛，钱晓燕. 2000. 水生经济植物净化受污染水体研究［J］. 华东师范大学学报（自然科学版），1：99–102.

杨永兴. 2002. 国际湿地科学研究进展和中国湿地科学研究优先领域与展望［J］. 地球科学进展，17（4）：508–514.

杨永兴. 2002. 国际湿地科学研究的主要特点、进展与展望［J］. 地理科学进展，21（2）：111–120.

闫志利. 2013. 生态文明视域下河北省沿海地区湿地农业发展模式研究［J］. 河北北方学院学报（社会科学版），29（2）：52–57，68.

尹树美. 2009. 城市近郊低洼田利用–以山东省聊城市为例［J］. 河北农业科学，13（6）：96–97.

殷康前，倪晋仁. 1998. 湿地研究综述［J］. 生态学报，18（5）：539–546.

严登华，王浩，杨舒媛，等. 2008. 面向生态的水资源合理配置与湿地优先保护［J］. 水利学报，39（10）：1 241–1 247.

杨普，张长青. 2008. 沿淮洼田农产品加工业发展现状、存在问题及对策措施［J］. 安徽农学通报，14（15）：29–30，21.

俞丽芬，宋泉华，孟鹏翔. 2009. 余杭区慈姑无公害栽培技术［J］. 长江蔬菜（16）：71–72.

喻忠刚，蒙日业，韦启光，等. 2014. 紫圆慈姑在南方地区引种表现及高产照片技术［J］. 吉林蔬菜（6）：46–47.

赵文，董双林，张美昭，等. 2001. 盐碱池塘底栖动物的初步研究［J］. 应用与环境生物学报，7（3）：239–243.

赵峰. 2014. 池塘大型底栖动物群落结构及其部分生态功能的研究［D］. 武汉：华中农业大学，21–22.

张泊，王海升. 2006. 张家口坝上湿地退化原因分析［J］. 河北林业科技，4：41 -42.

赵熙玲. 2008. 沿淮地区发展特色农业的条件与措施［J］. 安徽农学通报，14（15）：8-9.

张瑜芳，张蔚榛. 1999. 以作物受渍持续时间为基础的地下排水控制指标［J］. 农田水利与小水电（9）：14-20.

朱建国，姜文来，李应中. 2000. 我国湿地资源可持续利用的根本出路［J］. 国土与自然资源研究（4）：50-53.

周晗，黄健儿. 2011. 秀洲区北部湿地生物资源调查与生态保护研究［J］. 浙江农业科学，增刊（1）：295-298.

赵建康，吴孟杰，刘思秀，等. 2006. 浙江省滨海平原地下水开采与地面沉降［J］. 高校地质学报，12（2）：185-194.

张丽，张文韬，吕宪国. 2015. 苏州黄慈姑无公害栽培技术［J］. 现代农业科技（8）：105.

张跃平. 2006. 江苏大型底栖无脊椎动物耐污值、BI 指数及水质生物评价研究［D］. 南京：南京农业大学，16-18.

Adger W N. 2000. Social and ecological resilience： are they related［J］. Progress in Human Geograohy， 24（3）：347-364.

Ali A. 1992. Rice-fish farming in Malaysia： past， present and future. In： dela Cruz C R， Lightfoot C， Costa-Pierce B A， et al （eds）， Rice-fish Research and Development in Asia. ICLARM Conference Proceeding， 69-76.

Ahmed N， Allison E H， Muir J F. 2010. Rice fields to prawn farms： a blue revolution in southwest Bangladesh? ［J］. Aguaculture International， 18（4）： 555-574.

Bergquist D A. 2007. Sustainability and local people´s participation in coastal aquaculture： regional differences and historical experiences in Sri Lanka and the Philippines［J］. Environmental Management，40（5）：787-802

Bailey C. 2008. Human dimensions of an ecosystem approach to aquaculture. In： Soto D， Aguilar-Manjarrez J， Hishamunda N（eds）. Building an Ecosystem Approach to Aquaculture. FAO， Rome，37-46.

Berg H. 2002. Rice monoculture and integrated rice-fish farming in the Mekong Delta， Vietnam-economic and ecoligical considerations［J］. Ecological Economics， 41（1）：95-107.

Brinkhurst R O. 1986. Guide to the freshwater aquatic 米 icrodrile oligochaetes on North America. Canadian special publication of fisheries and aquatic sciences： 84［M］. Ottawa： NRC Research Press，1-259.

Cavalett O， Queiroz J F，Omega E. 2006. Emergy assessment of integrated production systems of grains， pig and fish in small farms in the South Brazil［J］. Ecological Modelling，193（3-4）： 205-224.

Coche A G. 1967. Fish culture in rice fields a world-wide synthesis［J］. Hydrobiologia， 30

(1): 1–44.

Dalsgaard J, Lightfoot C, Christensen V. 1995. Towards quantification of ecological sustainability in farming systems analysis [J]. Ecological Engineerin, 4 (3): 181–189.

Datta A, Nayak D, Sinhababu D, et al. 2009. Methane and nitrous oxide emissions from an integrated rainfed rice–fish system of Eastern India [J]. Agriculture, Ecosystems & Environment, 129 (1): 228–237.

Edwards P, Pullin R S V, Gartner J A. 1988. Research and education for the development of integrated crop–livestock–fish farming systems in the tropics [M]. Manila: International Center for Living Aquatic Resources Management (ICLARM), 1–53.

Edwards P. 1993. Environmental issues in integrated agriculture–aquaculture and wastewater–fed fish culture systems. In: Pullin R S V, Rosenthal H, Maclean J L (eds.), Environmental and aquaculture in developing countries. ICLARM Conference Proceedings, 139–170.

Edwards P. 1998. A systems approach for the promotion of integrated aquaculture [J]. Aquaculture Economics & Management, 2 (1): 1–12.

Frei M, Razzak M, Hossain M, et al. 2007. Methane emissions and related physicochemical soil and water parameters in rice–fish systems in Bangladesh [J]. Agriculture, Ecosystems & Environment, 120 (2–4): 391–398.

Frei M, Beclcer K. 2005. Integrated rice–fish culture: Coupled production saves resources [J]. Natural Resources Forum, 29 (2): 135–143.

Gurung T, Wagle S. 2013. Revisiting underlying ecological principles of rice–fish integrated farming for environmental, economical and social benefits [J]. Our Nature, 3 (1): 1–12.

Hill D T, Payne V W E, Rogers J W, et al. 1997. Ammonia effects on the biomass production of five constructed wetland plant species [J].Bioresource Technology, 62: 109–113.

Hilsenhoff W L. 1987. An improved biotic index of organic stream pollution [J]. Great Lakes Entomologist, 20 (1): 31–40.

Jing S R, Lin Y F, Lee D Y, et al. 2001. Nutrient removal from polluted river water by using constructed wetlands [J].Bioresource Technology, 76 (2): 131–135.

Khoo K H, Tan E S P. 1980. Review of rice–fish culture in Southeast Asia. In: Pullin R S V, Shehadeh Z H. Integrated agriculture–aquaculture farming systems [C].Manila: International Center for Living Aquatic Resources Management (ICLARM), 1–14.

Keddy P A. 2000. Wetland Ecology–Principles and Conservation [M]. Cambridge: Cambridge University Press, 4–107.

Kuronuma K. 1980. Carp culture in Japanese rice fields. In: Pullin R S V, Shehadeh Z H. Integrated agriculture–aquaculture farming systems [C].Manila: International Center for Living Aquatic Resources Management (ICLARM), 167–174.

Kumaresan A, Pathak K, Bujarbaruah K, et al. 2009. Analysis of integrated animal-fish production system under subtropical hill agro ecosystem in India: Growth performance of animals, total biomass production and monetary benefit [J]. Tropical Animal Health and Production, 41 (3): 385-391.

Krueger A P. 1985. The biological effects of air ions [J]. International Journal of Biometeorology, 29 (3): 205-206.

Li X D, Dong S L, Lei Y Z, et al. 2007. The effect of stocking density of Chinese mitten crab Eriocheir sinensis on rice and crab seed yields in rice-crab culture systems [J]. Aquaculture, 273 (4): 487-493.

Lightfoot C, Van Dam A, Costa-Pierce B. 1992. What's happening to the rice yields in rice-fish systems. In: dela Cruz C R, Lightfoot C, Costa-Pierce B A, et al (eds), Rice-fish Research and Development in Asia. ICLARM Conference Proceeding, 177.

Li C F, Cao C G, Wang J P, et al. 2008. Nitrogen losses from integrated rice-duck and rice-fish ecosystems in southern China [J]. Plant and Soil, 307 (1-2): 207-217.

Li W X, Li Z J. 2009. In situ nutrient removal from aquaculture wastewater by aquatic vegetable Ipomoea aquatica on ? oating beds [J].Water Science & Technology, 59 (10): 1 937-1 943.

Miao Y X, Stewart B A, Zhang F S. 2011. Long-term experiments for sustainable management in China: A Review [J]. Agronomy for Sustainable Development, 31 (2): 397-414.

Morse J C, Yang L F, Tian L X. 1994. Aquatic insects of China useful for monitoring water quality [M]. Nanjing: Hohai University Press, 1-570.

Mitsch W J, Gosselink J G. 2000. Wetlands [M]. New York: Van Nostrand Reinhold Company, 89-125.

Nemeryuk G E. 1970. Salt migration into the atmosphere during transpiration [J]. FIZIOL RAST (Moscow), 17 (4): 673-679.

Oehme M, Frei M, Razzak M A, et al. 2007. Studies on nitrogen cycling under different nitrogen inputs in integrated rice-fish culture in Bangladesh [J]. Nutrient Cycling in Agroecosvstems, 79 (2): 181-191.

Oertli B. 1995. Spatial and temporal distribution of the zoobenthos community in a woodland pond (Switzerland) [J]. Hydrobiologia, 300-301 (1): 195-204.

Pretty J. 2008. Agricultural sustainability: concepts, principles and evidence [J].Philosophical Transactions of the Royal Society B: Biological Science, 363 (1491): 447-465

Phillips M, De Silva S. 2004. Finfish cage culture in Asia: an overview of status, lessons learned and future developments. In: Halwart M, Moehl J F (eds). FAO Regional Technical Expert Workshop on Cage Culture in Africa. Entebbe, Uganda, FAO, Rome, 49-72.

Pant J, Demaine H, Edwards P. 2005. Bio-resource flow in integrated agriculture-aquaculture systems in a tropical monsoonal climate: a case study in Northeast Thailand [J]. Agricultural Systems, 83 (2): 203–219.

Panda M, Ghosh B, Sinhababu D. 1987. Uptake of nutrients by rice under rice–cum–fish culture in intermediate deep water situation (upto 50–cm water depth) [J]. Plant and Soil, 102 (1): 131–132.

Picard C R, Fraser L H, Steer D. 2005. The interacting effects of temperature and plant community type on nutrient removal in wetland microcosms [J].Bioresource Technology, 96 (9): 1 039–1 047.

Sooknah R D, Wilkie A C. 2004. Nutrient removal by flooting aquatic macrophytes cultured in anaerobically digested flushed dairy manure wastewater [J]. Ecological Engineering, 22: 27–42.

Tamara T. 1961. Carp cultivation in Japan. In: Borgstrom (eds), Fish as Food. Vol.l. New York: Academic Press, 103–120.

Tsuruta T, Yamaguchi Mm, Abe S, et al. 2011. Effect of fish in rice–fish culture on the rice yield [J]. Fisheries Science, 77 (1): 95–106.

Vromant N, Chau N T H. 2005. Over effects of rice biomass and fish on the aquatic ecology of experimental rice plots [J]. Agriculture, Ecosystems & Environment, 111 (1–4): 153–165.

Wahab M A, Kunda M, Azim M E, et al. 2008. Evaluation of freshwater prawn–small fish culture concurrently with rice in Bangladesh [J]. Aquaculture Research, 39 (14): 1 524–1 532.

Wilen BO, Tiner R W. 1995. Wetlands of the United States. In Ewhigham. Wetlands of the World [M]. Netherlands: Kluver Academic Pubishers, 143–157.

Xie J, Hu L L, Tang J J, et al. 2011. Ecological mechanisms underlying the sustainability of the agricultural heritage rice–fish coculture system [J]. Proceedings of the National Academy of Sciences of the United States of America, 108 (50): E1381–E1387.

Yang Y, Lin C K, Diana J S. 2002. Recycling pond mud nutrients in integrated lotus–fish culture [J].Aquaculture, 212: 213–226.

附　录

无公害食品–渔用药物使用准则
NY 5071–2002

1 范围

本标准规定了渔用药物使用的基本原则、渔用药物的使用方法以及禁用渔药。

本标准适用于水产增养殖中的健康管理及病害控制过程中的渔药使用。

2 规范性引用文件

下列文件中的条款通过本标准的引用而成为标准的条款。凡是注日期的引用文件，其随后所有的修改单（不包括勘误的内容）或修订版均不适用于本标准，然而，鼓励根据本标准达成协议的各方研究是否可使用这些最新版本。凡是不注日期的引用文件，其最新版本适用于本标准。

NY5070 无公害食品 水产品中渔药残留限量

NY5072 无公害食品 渔用配合饲料安全限量

3 术语和定义

下列术语和定义适用于本标准。

3.1 渔用药物 fishery drugs

用以预防、控制和治疗水产动植物的病、虫害，促进养殖品种健康生长，增强机体抗病能力以及改善养殖水体质量的一切物质，简称“渔药”。

3.2 生物源渔药 biogenic fishery 米 edicines

直接利用生物活体或生物代谢过程中产生的具有生物活性的物质或从生物体提取的物质作为防治水产动物病害的渔药。

3.3 渔用生物制品 fishery biopreparate

应用天然或人工改造的微生物、寄生虫、生物毒素或生物组织及其代谢产物为原材料，采用生物学、分子生物学或生物化学等相关技术制成的、用于预防、诊断和治疗水产动物传染病和其他有关疾病的生物制剂。它的效价或安全性应采用生物学方法检定并有严格的可靠性。

3.4 休药期 withdrawal time

最后停止给药日至水产品作为食品上市出售的最短时间。

4 渔用药物使用基本原则

4.1 渔用药物的使用应以不危害人类健康和不破坏水域生态环境为基本原则。

4.2 水生动植物增养殖过程中对病虫害的防治，坚持“以防为主，防治结合”。

4.3 渔药的使用应严格遵循国家和有关部门的有关规定，严禁生产、销售和使用未经取得生产许可证、批准文号与没有生产执行标准的渔药。

4.4 积极鼓励研制、生产和使用“三效”（高效、速效、长效）、“三小”（毒性小、副作用小、用量小）的渔药，提倡使用水产专用渔药、生物源渔药和渔用生物制品。

4.5 病害发生时应对症用药，防止滥用渔药与盲目增大用药量或增加用药次数、延长用药时间。

4.6 食用鱼上市前，应有相应的休药期。休药期的长短，应确保上市水产品的药物残留限量符合 NY5070 要求。

4.7 水产饲料中药物的添加应符合 NY5072 要求，不得选用国家规定禁止使用的药物或添加剂，也不得在饲料中长期添加抗菌药物。

5 渔用药物使用方法

各类渔用药使用方法见表 1。

表 1　渔用药物使用方法

渔药名称	用途	用法与用量	休药期/d	注意事项
氧化钙（生石灰） calcii oxydum	用于改善池塘环境，清除敌害生物及预防部分细菌性鱼病	带水清塘：200~250mg/L（虾类：350~400mg/L） 全池泼洒：20mg/L（虾类：15~30mg/L）		不能与漂白粉、有机氧、重金属盐、有机结合物混用。
漂白粉 bleaching powder	用于清塘、改善池塘环境及防治细菌性皮肤病、烂鳃病、出血病	带水清塘：20mg/L 全池泼洒：1.0~1.5mg/L	≥5	1. 勿用金属容器盛装。 2. 勿与酸、铵盐、生石灰混用。
二氯异氰尿酸钠 sodium dichloroisocyanurate	用于清塘及防治细菌性皮肤病溃疡病、烂鳃病、出血病	全池泼洒：0.3~0.6mg/L	≥10	勿用金属容器盛装。
三氯异氰尿酸 trichlorosisocya-nuric acid	用于清塘及防治细菌性皮肤病、溃疡病、烂鳃病、出血病	全池泼洒：0.2~0.5mg/L	≥10	1. 勿用金属容器盛装。 2. 针对不同的鱼类和水体的 pH，使用量应适当增减。
二氧化氯 hlorine dioxide	用于防治细菌性皮肤病、烂鳃病、出血病	浸浴：20~40mg/L，5~10min 全池泼洒：0.1~0.2mg/L，严重时 0.3~0.6mg/L	≥10	1. 勿用金属容器盛装。 2. 勿与其他消毒剂混用。

（续表）

渔药名称	用途	用法与用量	休药期/d	注意事项
二溴海因	用于防治细菌性皮肤病和病毒性疾病	全池泼洒：0.2~0.3mg/L		
氯化纳（食盐）sodium choiride	用于防治细菌、真菌或寄生虫疾病	浸浴：1%~3%，5min~20min		
硫酸铜（蓝矾、胆矾、石胆）copper sulfate	用于治疗纤毛虫、鞭毛虫等寄生虫性原虫病	浸浴：8mg/L（海水鱼类：8~10mg/L），15~30min 全池泼洒：0.5~0.7mg/L（海水鱼类：0.7~1.0mg/L）		1. 常与硫酸亚铁合用。 2. 广东鲂慎用。 3. 勿用金属容器盛装。 4. 使用后注意池塘增氧。 5. 不宜用于治疗小瓜虫病。
硫酸亚铁（硫酸低铁、绿矾、青矾）ferrous sulfate	用于治疗纤毛虫、鞭毛虫等寄生性原虫病	全池泼洒：0.2mg/L（与硫酸铜合用）		1. 治疗寄生性原虫病时需与硫酸铜合用。 2. 乌鳢慎用。
高锰酸钾（锰酸钾、灰锰氧、锰强灰）potassium permanganate	用于杀灭锚头鳋	浸浴：10~20mg/L，15~30min 全池泼洒：4~7ng/L		1. 水中有机物含量高时药效降低。 2. 不宜在强烈阳光下使用。
四烷基继铵盐络合碘（季铵盐含量为50%）	对病毒、细菌、纤毛虫、藻类有杀灭作用	全池泼洒：0.3mg/L(虾类相同)		1. 勿与碱性物质同时使用。2. 勿与阴性离子表面活性剂混用。3. 使用后注意池塘增氧。4. 勿用金属容器盛装。
大蒜 crow′s treacle，garlic	用于防治细菌性肠炎	拌饵投喂：10~30g/kg 体重，连用4~6d（海水鱼类相同）		
大蒜素粉（含大蒜素 10%）	用于防治细菌性肠炎	0.2/kg 体重，连用 4~6d（海水鱼类相同）		
大　黄 medicinal rhubarb	用于防治细菌性肠炎、烂鳃病	全池泼洒：2.5~4.0mg/L（海水鱼类相同）拌饵投喂：5~10g/kg 体重，连用 4~6d（海水鱼类相同）		投喂时常与黄芩、黄柏合用（三者比例 5:2:3）。

（续表）

渔药名称	用途	用法与用量	休药期/d	注意事项
黄芩 raikai skullcap	用于防治细菌性肠炎、烂鳃、赤皮、出血病	拌饵投喂：2~4g/kg体重，连用4~6d（海水鱼类相同）		投喂时常与大黄、黄芩合用（三者比例为2:5:3）。
黄柏 amur corktree	用于防治细菌性肠炎、出血病	拌饵投喂：2~6g/kg体重，连用4~6d（海水鱼类相同）		投喂时常与大黄、黄芩合用（三者比例为3:5:2）。
五倍子 chinese sumac	用于防治细菌性烂鳃、赤皮、白皮、疖疮	全池泼洒：2~4mg/L（海水鱼类相同）		
穿心莲 common andrographis	用于防治细菌性肠炎、烂鳃、赤皮	全赤泼洒：15~20mg/L拌饵投喂：10~20g/kg体重，连用4~6d		
苦参 lightyellow sophora	用于防治细菌性肠炎、竖鳞	全池泼洒：1.0~1.5mg/L拌饵投喂：1~2g/kg体重，连用4~6d		
土霉素 oxytetracycline	用于治疗肠炎病、弧菌病	拌饵投喂：50~80mg/kg体重，连用4~6d（海水鱼类相同，虾类：50~80mg/kg体重，连用5~10d）	≥30(鳗鲡) ≥21(鲶鱼)	勿与铝、镁离子及卤素、碳酸氢纳、凝胶合用。
(口恶）喹酸 oxslinic acid	用于治疗细菌肠炎病、赤鳍病、香鱼、对虾弧菌病，鲈鱼结节病，鲱鱼疖疮病	拌饵投喂：10~30mg/kg体重，连用5~7d（海水鱼类1~20mg/kg体重，对虾：6~60mg/kg体重，连用5d）	≥25(鳗鲡) ≥21(香鱼、鲤鱼) ≥16（其他鱼类）	用药量不同的疾病有所增减。
磺胺嘧啶（磺胺哒嗪） sulfadiazine	用于治疗鲤科鱼类的赤皮病、肠炎病、海水鱼链球菌病	拌饵投喂：100mg/kg体重连用5d（海水鱼类相同）		1. 与甲氯苄氨嘧啶(TMP)同用，可产生增效作用。 2. 第一天药量加倍。
磺胺甲（口恶）唑（新诺明、新明磺） sulfamethoxazole	用于治疗鲤科鱼类的肠炎病	拌饵投喂：100mg/kg体重，连用5~7d		1. 不能与酸性药物同用。 2. 与甲氧苄氨嘧啶(TMP)同用，可产生增效作用。 3. 第一天药量加倍。

(续表)

渔药名称	用途	用法与用量	休药期/d	注意事项
磺胺间甲氧嘧啶(制菌磺、磺胺-6-甲氧嘧啶) sulfamonomethoxine	用鲤科鱼类的竖鳞病、赤皮病、及弧菌病	拌饵投喂：50~100mg/kg 体重，连用 4~6d	≥37(鳗鲡)	1. 与甲氧苄氨嘧啶(TMP)同用，可产生增效作用。 2. 第一天药量加倍。
氟苯尼考 florfenicol	用于治疗鳗鲡爱德华氏病、赤鳍病	拌饵投喂：10.0mg/kg 体重，连用 4~6d	≥7（鳗鲡）	
聚维酮碘（聚乙烯吡咯烷酮碘、皮维碘、PVP-1、伏碘）（有效碘 1.0%） povidone~iodine	用于防治细菌烂鳃病、弧菌病、鳗鲡红头病。并可用于预防病毒病：如草鱼出血病、传染性胰腺坏死病、传染性造血组织坏死病、病毒性出血败血症	全池泼洒：海、淡水幼鱼、幼虾：0.2~0.5mg/L 海、淡水成鱼、成虾：1~2mg/L 鳗鲡：2~4mg/L 浸浴：草鱼种：30mg/L，15~20min 鱼卵：30~50mg/L（海水鱼卵 25~30mg/L），5~15min		1. 勿与金属物品接触。 2. 勿与季氨盐类消毒剂直接混合使用。
注 1：用法与用量栏未标明海水鱼类与虾类的均适用于淡水鱼类。 注 2：休药期为强制性。				

6 禁用渔药

严禁使用高毒、高残留或具有三致毒性（致癌、致畸致突变）的渔药。严禁使用对水域环境有严重破坏而又难以修复的渔药，严禁直接向养殖水域泼洒抗菌素，严禁将新近开发的人用新药作为渔药的主要或次要成分。仅用渔药见表 2。

表 2 禁用渔药

药物名称	化学名称（组成）	别名
地虫硫磷 fonofos	0-2 基-s 苯基二硫代磷酸乙酯	大风雷
六六六 BHC（HCH）Benzem，bexachloridge	1，2，3，4，5，6-六氯环乙烷	
林丹 lindane，agammaxare，gamma-BHC，gamma-HCH	y-1，2，3，4，5，6-六氯环乙烷	丙体六六六
毒杀芬 camphechlor（ISO）	八氯莰烯	氯化莰烯
滴滴涕 DDT	2，2-双（对氯苯基）-1，1，1-三氯乙烷	
甘汞 calomel	二氯化汞	
硝酸亚汞米 ercurous nitrate	硝酸亚汞	
醋酸汞米 ercuric acetate	醋酸汞	
呋喃丹 carbofuran	2，3-氢-2，二甲基-7-苯并呋喃-甲基氨基甲酸酯	可百威、大扶农

（续表）

药物名称	化学名称（组成）	别名
杀虫脒 chlordimeform	N-（2-甲基-4-氯苯基）N′，N′-二甲基甲脒盐酸盐	克死螨
双甲脒 anitraz	1，5-双-（2，4-二甲基苯基）-3-甲基 1，3，5-三氮戊二烯-1，4	二甲苯胺脒
氟氯氰菊脂 flucythrinate	（R，S）-α-氰基-3-苯氧苄基-（R，S）-2-（4-二氯甲氧基）-3-甲基丁酸脂	报好江乌 氟氯菊脂
五氯芬钠 PCP-Na	五氯酚纳	
孔雀石绿米 alachite green	C（23）H（25）CIN（2）	碱性绿、盐基快绿、孔雀绿
锥虫胂胺 tryparsamide		
酒石酸锑钾 anitmonyl potassium tartrate	酒石酸锑钾	
磺胺噻唑 sulfathiazolum ST，norsultazo	2-（对氨基苯磺酰胺）-噻唑	消治龙
磺胺脒 sulfaguanidine	N（1）-脒基磺胺	磺胺胍
呋喃西林 furacillinum，nitrofurazone	5-硝基呋喃醛缩氨基脲	呋喃新
呋喃唑酮 furacillinum，nifulidone	3-（5-硝基糠叉胺基）-2-（口恶）唑烷酮	痢特灵
呋喃那斯 furanace，nitrofurazone	6-羟甲基-2-［-5-硝基-2-呋喃基乙烯基）吡啶	p-7138（实验名）
氯霉素（包括其盐、酯及制剂）chloramphennicol	由委内瑞拉链霉素生产或合成法制成	
红霉素 erythromycin	属微生物合成，是 streptomyces eyythreus 生产的抗生素	
杆菌肽锌 zinc bacitracin premin	由枯草杆菌 Bacillus stubtills 或 B. leicheniformis 所产生的抗生素，为一含有噻唑环的多肽化合物	枯草菌肽
泰乐菌素 tylosin	S.fradiae 所产生的抗生素	
环丙杀星 ciprofloxacin（CIPRO）	为合成的第三代喹诺酮类抗菌药，常用盐酸盐水合物	环丙氟哌酸
阿伏帕星 avoparcin		阿伏霉素
喹乙醇 olaquindox	喹乙醇	喹酰胺醇羟乙喹氧
速达肥 fenbendazole	5-苯硫基-2-苯并咪唑	苯硫哒唑氨甲基甲酯
己烯雌酚（包括雌二醇等其他类似合成等雌性激素）diethylstilbestol，stilbestrol	人工合成的非自甾体雌激素	乙烯雌酚，人造求偶素
甲基睾丸酮（包括丙酸睾丸素、去氢甲睾酮以及同化物等雄性激素）methyltestosterone，metandren	睾丸素 C（17）的甲基衍生物	甲睾酮甲基睾酮

无公害食品–渔用配合饲料安全限量
NY 5072–2002

1 范围

本标准规定了渔用配合饲料安全限量的要求、试验方法、检验规则。

本标准适用于渔用配合饲料的成品，其他形式的渔用饲料可参照执行。

2 规范性引用文件

下列文件中的条款通过本标准的引用而成为本标准的条款。凡是注日期的引用文件，其随后所有的修改单（不包括勘误的内容）或修订版均不适用于本标准，然而，鼓励根据本标准达成协议的各方研究是否可使用这些文件的最新版本。凡是不注日期的引用文件，其最新版本适用于本标准。

GB/T 5009.45–1996 水产品卫生标准的分析方法

GB/T 8381–1987 饲料中黄曲霉素 B1 的测定

GB/T 9675–1988 海产食品中多氯联苯的测定方法

GB/T 13080–1991 饲料中铅的测定方法

GB/T 13081–1991 饲料中汞的测定方法

GB/T 13082–1991 饲料中镉的测定方法

GB/T 13083–1991 饲料中氟的测定方法

GB/T 13084–1991 饲料中氰化物的测定方法

GB/T 13086–1991 饲料中游离棉酚的测定方法

GB/T 13087–1991 饲料中异硫氰酸酯的测定方法

GB/T 13088–1991 饲料中铬的测定方法

GB/T 13089–1991 饲料中噁唑烷硫酮的测定方法

GB/T 13090–1999 饲料中六六六、滴滴涕的测定方法

GB/T 13091–1991 饲料中沙门氏菌的检验方法

GB/T 13092–1991 饲料中霉菌的检验方法

GB/T 14699.1–1993 饲料采样方法

GB/T 17480–1998 饲料中黄曲霉毒素 B1 的测定 酶联免疫吸附法

NY 5071 无公害食品 渔用药物使用准则

SC 3501–1996 鱼粉

SC/T 3502 鱼油

《饲料药物添加剂使用规范》［中华人民共和国农业部公告（2001）第［168］号］

《禁止在饲料和动物饮用水中使用的药物品种目录》［中华人民共和国农业部公告

(2002）第［176］号］

《食品动物禁用的兽药及其他化合物清单》［中华人民共和国农业部公告（2002）第［193］号］

3 要求

3.1 原料要求

3.1.1 加工渔用饲料所用原料应符合各类原料标准的规定，不得使用受潮、发霉、生虫、腐败变质及受到石油、农药、有害金属等污染的原料。

3.1.2 皮革粉应经过脱铬、脱毒处理。

3.1.3 大豆原料应经过破坏蛋白酶抑制因子的处理。

3.1.4 鱼粉的质量应符合 SC 3501 的规定。

3.1.5 鱼油的质量应符合 SC/T 3502 中二级精制鱼油的要求。

3.1.6 使用的药物添加剂种类及用量应符合 NY 5071、《饲料药物添加剂使用规范》、《禁止在饲料和动物饮用水中使用的药物品种目录》、《食品动物禁用的兽药及其他化合物清单》的规定；若有新的公告发布，按新规定执行。

3.2 安全指标

渔用配合饲料的安全指标限量应符合表规定。

表 渔用配合饲料的安全指标限量

项目	限量	适用范围
铅（以 Pb 计）/(mg/kg)	≤5.0	各类渔用配合饲料
汞（以 Hg 计）/(mg/kg)	≤0.5	各类渔用配合饲料
无机砷（以 As 计）/(mg/kg)	≤3	各类渔用配合饲料
镉（以 Cd 计）/(mg/kg)	≤3	海水鱼类、虾类配合饲料
	≤0.5	其他渔用配合饲料
铬（以 Cr 计）/(mg/kg)	≤10	各类渔用配合饲料
氟（以 F 计）/(mg/kg)	≤350	各类渔用配合饲料
游离棉酚/(mg/kg)	≤300	温水杂食性鱼类、虾类配合饲料
	≤150	冷水性鱼类、海水鱼类配合饲料
氰化物/(mg/kg)	≤50	各类渔用配合饲料
多氯联苯/(mg/kg)	≤0.3	各类渔用配合饲料
异硫氰酸酯/(mg/kg)	≤500	各类渔用配合饲料
噁唑烷硫酮/(mg/kg)	≤500	各类渔用配合饲料
油脂酸价（KOH）/(mg/g)	≤2	渔用育苗配合饲料
	≤6	渔用育成配合饲料
	≤3	鳗鲡育成配合饲料
黄曲霉毒素 B_1/(mg/kg)	≤0.01	各类渔用配合饲料
六六六/(mg/kg)	≤0.3	各类渔用配合饲料
滴滴涕/(mg/kg)	≤0.2	各类渔用配合饲料
沙门氏菌/(cfu/25g)	不得检出	各类渔用配合饲料
霉菌/(cfu/g)	≤3×10^4	各类渔用配合饲料

4 检验方法

4.1 铅的测定

按 GB/T 13080-1991 规定进行。

4.2 汞的测定

按 GB/T 13081-1991 规定进行。

4.3 无机砷的测定

按 GB/T 5009.45-1996 规定进行。

4.4 镉的测定

按 GB/T 13082-1991 规定进行。

4.5 铬的测定

按 GB/T 13088-1991 规定进行。

4.6 氟的测定

按 GB/T 13083-1991 规定进行。

4.7 游离棉酚的测定

按 GB/T 13086-1991 规定进行。

4.8 氰化物的测定

按 GB/T 13084-1991 规定进行。

4.9 多氯联苯的测定

按 GB/T 9675-1988 规定进行。

4.10 异硫氰酸酯的测定

按 GB/T 13087-1991 规定进行。

4.11 噁唑烷硫酮的测定

按 GB/T 13089-1991 规定进行。

4.12 油脂酸价的测定

按 SC 3501-1996 规定进行。

4.13 黄曲霉毒素 B1 的测定

按 GB/T 8381-1987、GB/T 17480-1998 规定进行，其中 GB/T 8381-1987 为仲裁方法。

4.14 六六六、滴滴涕的测定

按 GB/T 13090-1991 规定进行。

4.15 沙门氏菌的检验

按 GB/T 13091-1991 规定进行。

4.16 霉菌的检验

按 GB/T 13092-1991 规定进行，注意计数时不应计入酵母菌。

5 检验规则

5.1 组批

以生产企业中每天（班）生产的成品为一检验批，按批号抽样。在销售者或用户处按产品出厂包装的标示批号抽样。

5.2 抽样

渔用配合饲料产品的抽样按 GB/T 14699.1-1993 规定执行。

批量在 1 t 以下时，按其袋数的四分之一抽取。批量在 1 t 以上时，抽样袋数不少于 10 袋。沿堆积立面以“×”形或“W”形对各袋抽取。产品未堆垛时应在各部位随机抽取，样品抽取时一般应用钢管或铜制管制成的槽形取样器。由各袋取出的样品应充分混匀后按四分法分别留样。每批饲料的检验用样品不少于 500 g。另有同样数量的样品作留样备查。作为抽样应有记录，内容包括：样品名称、型号、抽样时间、地点、产品批号、抽样数量、抽样人签字等。

5.3 判定

5.3.1 渔用配合饲料中所检的各项安全指标均应符合标准要求。

5.3.2 所检安全指标中有一项不符合标准规定时，允许加倍抽样将此项指标复验一次，按复验结果判定本批产品是否合格。经复检后所检指标仍不合格的产品则判为不合格品。